Comte de COLLEVILLE

ALBERT de MONACO intime

ALBERT DE MONACO INTIME

DU MÊME AUTEUR

Carlos Ier intime, 1 vol.
Pie X intime, 1 vol.
Le Duc d'Orléans intime, 1 vol.

Chaque volume in-16 colombier illustré. . . 3 50

COMTE DE COLLEVILLE

ALBERT DE MONACO INTIME

Ouvrage illustré de planches hors texte

PARIS

Société d'Édition et de Publications

Librairie FÉLIX JUVEN

122, RUE RÉAUMUR, 122

Albert de Monaco intime

CHAPITRE PREMIER

Le Prince Albert Ier.

Un prince méconnu; sa haute valeur intellectuelle; son rôle important dans les affaires de France. — Parallèle entre Albert Ier, Léopold de Belgique et Ferdinand de Cobourg, trois princes s'inspirant de Machiavel. — L'œuvre d'Albert est la mise en pratique des plans paternels. — Sa politique est inspirée de la tradition de sa maison. — Albert doit toujours être avec la France et son gouvernement, quel qu'il soit.

Il existe en Europe trois souverains qui se sont inspirés des idées de Machiavel, et qui, à la tête de petites nations, ont été grands par leur haute intelligence, leur compréhension des affaires générales, leur dédain des préjugés. Ces trois princes se sont montrés, par le seul souci de la raison d'État, aptes à conduire de grandes nations vers leurs destinées.

J'ai nommé le roi Léopold de Belgique, le prince Ferdinand de Bulgarie et le prince Albert Ier de Monaco.

Il est incontesté que Léopold II est un homme

d'affaires tout à fait remarquable et un chef d'État de premier ordre.

Le prince de Bulgarie a fait, lui aussi, preuve d'une habileté exceptionnelle et d'un sens aigu de la politique.

Le prince de Monaco, enfin, a été non seulement un souverain entendu, un administrateur pratique, un créateur de bien-être pour son petit État, mais surtout un ambassadeur émérite, un chargé d'affaires de France capable de rendre des points à Talleyrand.

La vie privée de Léopold II, la dureté qu'il a témoignée à la reine et à ses filles, sa véritable férocité pour ceux qui le servent ou l'entourent, n'ont rien enlevé de sa popularité au *bon Léopold*, tant il est vrai que les princes fourbes et débauchés à la Machiavel sont les seuls qui correspondent à l'idéal populaire.

Le prince Ferdinand de Cobourg, qui devait sa couronne à Stambouloff et à l'Autriche, a laissé assassiner son premier ministre trop puissant ; l'on va même jusqu'à dire qu'il eut sa part dans ce meurtre opportun. Arrivé par l'Autriche catholique, il abandonna ses protecteurs pour se jeter dans les bras de la Russie et fit entrer son fils par le baptême dans l'Église grecque..

Borgia, le modèle du *prince*, n'eût pas mieux agi, et c'est sans doute à cette conduite exempte de préjugés que Ferdinand doit d'avoir coulé dans la paix les vingt années d'un heureux règne pour lequel on chantait hier, à l'église russe, un *Te Deum* retentissant.

Quant à Albert Ier, le savant épris de solitude et de silence, l'aristocrate affiné, le misanthrope résolu, il a su, avec tous les signes extérieurs de la satisfaction, subir de bien redoutables promiscuités, supporter la familiarité de nos ministres successifs, se faire le pair et compagnon des Combes, l'associé de Joseph Reinach, le commensal de Clémenceau et de Jaurès.

Il ne faudrait avoir jamais approché ce prince au regard altier, au geste bref, à la lèvre dédaigneuse, pour ne pas se rendre compte de l'effort ainsi accompli.

C'est la nécessité, c'est la raison d'État qui force Albert à agir de la sorte : et quoi qu'il advienne, il en sera toujours de même.

Un prince de Monaco servait dans les armées de la République, un autre était aide de camp de l'Empereur et une princesse de Monaco épousait le prince de Condé : cela dans un même temps.

Le prince Albert, lui, s'est marié la première fois avec la pupille de Napoléon III tout-puissant. Il l'a répudiée, cette alliance devenant inutile, pour épouser une fille des nouveaux maîtres de la France, une juive de la tribu conquérante. Il faut juger ces actes par la seule politique, se rappelant que le prince de Monaco ne peut être que le satellite de la France, ne marcher que dans son sillon, servir, coûte que coûte, son gouvernement, quel qu'il soit.

C'est par ce rôle peu fier de caudataire, que Charles III obtint de Napoléon III l'autonomie de la principauté, autonomie que son fils s'efforce de conserver en jouant le rôle des grandes utilités sur le théâtre diplomatique.

Chacun des princes, dont j'ai plus haut parlé, se délasse à sa façon de ses pénibles travaux.

Léopold, Cléopold, comme on dit au boulevard, bien qu'il ne chercha jamais à enlever Cléo à feu le roi Milan, son heureux possesseur, aime les voyages et surtout les petites femmes.

Ferdinand est un homme de sport, un amant de la vitesse, un chauffeur et un mécanicien émérites.

Albert Ier, lui, est passionné pour la mer; l'Océan l'attire, et il se plaît, comme dit magnifiquement son parent Guillaume II, à « jeter les lumières de la science dans les ténèbres mystérieuses du fond de la mer ».

C'est à l'*océanographie*, une science dont il est le créateur, que le souverain de Monaco donne les loisirs que lui laisse une politique compliquée.

Marin audacieux, c'est dans les solitudes des mers polaires, sur la banquise blanche qu'il a élevé la *tour d'ivoire* où il va oublier les choses turpides auxquelles le mêlent les nécessités de la couronne.

Là, Albert Ier n'est rien qu'un savant, un savant qui laissera un nom glorieux, car on ne saura plus tard s'occuper d'océanographie sans, impartialement, relater l'œuvre immense accomplie par lui et déjà connue et jugée à sa valeur par une élite.

Ce qui sera plus difficile à savoir, pour apprécier justement la valeur du prince, c'est le rôle infiniment difficile et habile joué par lui depuis 1889 dans les affaires diplomatiques de l'Europe.

La diplomatie française depuis 1870 est encore assez mal connue dans son ensemble. Jusqu'à la fin du ministère Decazes elle apparaît nettement expliquée ; depuis elle est tout à fait ténébreuse.

Alors que, pour le vulgaire, on débat au Parlement des questions qui sembleraient devoir rester secrètes, une diplomatie occulte est exercée par les grands chefs de la République.

De même que Louis XV eut le *secret du roi*, Gambetta eut sa diplomatie secrète.

Barrère, Gérard, le comte Henkel de Donesmark et la marquise Arconati Visconti furent ses correspondants à Rome et à Berlin et préparèrent, dès lors, l'action anticléricale et l'entente avec l'Allemagne.

Depuis 1889, où le parti républicain, libéré des inquiétudes du nationalisme et du boulangisme, a pu reprendre sa politique propre, sinon ouvertement, du moins clandestinement, c'est M. Barrère et le prince de Monaco qui ont mené parallèlement la diplomatie française vers l'Allemagne.

J'expliquerai plus loin, en parlant de la politique d'Albert Ier, comment ces personnages s'acquittèrent de leur rôle, et je m'étendrai suffisamment sur ce sujet pour montrer qu'Albert Ier s'est entremis dans toutes les difficultés que l'Allemagne nous a cherchées, qu'il les a aplanies, et contribué plus que personne à assurer cette paix à laquelle le souverain de Monaco attache un prix extrême.

Claquedent Ier, le prince Roulette, Albert le Croupier, pour n'employer que les termes avouables dont on use irrévérencieusement pour qualifier le souverain de Monaco, n'est donc point ce qu'un vain peuple pense et ce qu'affirment les nombreux ouvrages de chantage dirigés contre la principauté et son souverain.

Pour le faire connaître, pour bien mettre en relief sa physionomie originale, je dirai quelques mots de ses ancêtres, comme je parlerai plus loin de sa descendance. Dans le chapitre suivant je conterai à grands traits l'histoire de Monaco; elle est indispensable pour comprendre la politique des princes et surtout celle d'Albert Ier qui nous occupe.

Je m'étendrai sur l'œuvre de Charles III, parce que celui-ci n'a fait que l'ébaucher et que son fils Albert, en continuant, en achevant et en perfectionnant cette œuvre, a montré son esprit de suite et son intelligence des affaires. Enfin, je parlerai de la maison de jeu, parce qu'elle est la vie de ce pays, qu'elle paye tout et qu'elle est un merveilleux instrument aux mains d'Albert. Je célébrerai aussi la beauté magique de ce petit royaume, parce que c'est aussi un facteur important dont sait user un prince singulièrement pratique.

Dans cette oasis délicieuse, sous ce ciel d'Orient, devant cette mer au murmure si doux, je ne dois voir, en effet, que le cadre qui doit faire ressortir davantage la ligne sombre d'un acteur princier, que la tradition de sa maison oblige à jouer un rôle singulièrement ingrat.

CHAPITRE II

Les origines du Prince Albert et l'histoire de la principauté.

Légende nobiliaire des Grimaldi. — L'histoire. — Grimaldi de la branche aînée et de la branche cadette. — Louis XIV, père d'Antoine Ier. — Alliance avec les Goyon-Matignon, substitués aux Grimaldi. — Les Grimaldi ne le sont plus que de nom. — Monaco et la Monarchie. — Monaco sous la République. — Monaco sous l'Empire, la Restauration, les Cent-Jours. — Monaco depuis 1815.

Albert Ier est un mathématicien, un savant. A la légende, il préfère l'histoire. Il ne nous en voudra donc pas de la précision de cette étude. Comme autour de toutes les familles princières, il s'est créé une légende nobiliaire qui tend à reculer jusque dans la nuit des temps l'origine des Grimaldi, suffisamment ancienne cependant.

On soutient, dans bon nombre de généalogies, que Grimoald, petit-fils de Pépin de Landen fut le fondateur de l'illustre maison des Grimaldi. On veut qu'à la suite d'une tragédie de palais ce Grimoald ait gagné l'Italie méridionale, où les Grimaldi, ses descendants, possédèrent la principauté de Salerne, le duché d'Eboli et celui de Terra-Nuova, avant de venir s'illustrer à Gênes qui les revendique comme ses plus nobles patriciens.

A Naples et à Rome existeraient des bulles par lesquelles le pape saint Léon II, Benoît II et Jean VIII accordaient des privilèges à ce Grimoald, et le petit-fils de ce dernier serait devenu duc et roi des Lombards à Bénévent. Ce serait donc une grande race franque qui aurait été créée par les Grimaldi avant de devenir seigneurs génois. Voilà la légende qui trouve de nombreux défenseurs. Voyons l'histoire.

Ce fut au douzième siècle, lorsque les Génois, après avoir chassé les Sarrazins s'emparèrent de Monaco et que ce rocher devint la véritable frontière séparant la république de Gênes du royaume de Provence, qu'apparurent les Grimaldi.

Le 6 juin 1215, les Génois édifièrent à Monaco un château fort avec cinq tours reliées par un mur d'enceinte dont on retrouve les traces. Les luttes de Gênes divisée entre Guelfes et Gibelins se propagèrent jusqu'à Monaco, qui fut la proie des partis. Les Grimaldi, chefs des Guelfes, s'en emparèrent et y établirent leur arsenal. Peu à peu, ils créèrent à Monaco un centre de souveraineté et parvinrent, au quatorzième siècle, à s'y rendre indépendants.

C'est Charles Ier, fils aîné de Rainier Grimaldi, qui établit la souveraineté de sa famille sur Monaco et acquit en outre les seigneuries de Menton, en 1346 et de Roquebrune en 1355.

Ce Charles fut un guerrier plein de courage et d'habileté. Il fut l'ami de la France et commença cette politique qui, malgré certains égarements passagers, devint traditionnelle dans la maison.

En 1338, Charles équipa une flotte pour le compte de Philippe de Valois et combattit rudement les Anglais à notre profit.

En 1346, il commandait un corps d'arbalétriers à la bataille de Crécy. Nos désastres lui firent perdre Monaco, pris par le duc de Gênes, Simon Bocca-Negra, et Charles mourut de douleur d'avoir été vaincu et dépouillé.

Rainier III, qui lui succéda en 1358, fut nommé par Louis d'Anjou amiral de la Méditerranée, et récupéra Monaco.

En 1371. Jean de Bueil, cadet de la maison Grimaldi, s'étant emparé du château par surprise, le maréchal Boucicault, au nom de la France, fournit des troupes à Rainier qui put battre l'usurpateur et reprendre sa principauté. Jean Ier, successeur, détruisit la flotte vénitienne en 1431 et fut le marin le plus célèbre de son époque. Lambert, après lui, fit triompher la cause de Charles d'Anjou en Provence.

En 1506, c'est un acte inqualifiable de la couronne de France qui éloigne un instant les souverains de Monaco de leur sympathie naturelle pour la France.

Lucien, seigneur de Monaco, assiégé dans son château par les Génois et les Pisans, fait une admirable résistance, réclame le protectorat de Louis XII et libéré de ses ennemis, court rejoindre le roi de France à Milan.

Mais il est déloyalement arrêté sur les ordres du monarque qui veut l'obliger à renoncer à ses droits sur la seigneurie de Monaco.

Lucien indigné sembla céder, se reprit et temporisa si bien que Louis XII, menacé d'une redoutable coalition en Italie, reconnut ses droits et offrit de traiter.

Le protectorat français fut donc cette fois forcément accepté par les Grimaldi qui n'eurent dès lors qu'une pensée : obtenir le protectorat de l'Espagne et se venger du traitement odieux dont Lucien, pendant quinze mois, avait souffert dans les prisons de Milan.

Bientôt l'antagonisme de Charles-Quint et de François Ier présenta aux Grimaldi l'occasion désirée ; ils négocièrent avec l'empereur dont les armées étaient à Gênes. André Doria, proche parent des souverains de Monaco, commandait alors une flotte en Méditerranée pour le compte de François Ier, il surveillait de près les agissements du Grimaldi. Dès qu'il connut ses desseins, il le fit assassiner par son cousin Barthélemy Doria.

Augustin, évêque de Grasse et abbé de Lérins, frère de Lucien devenu seigneur viager, n'eut d'autre souci que de punir le meurtrier de son frère ; il s'empara de l'assassin, le fit exécuter en 1524, et plaça la principauté sous le protectorat de l'Espagne.

Quatre années après cet événement, le grand empereur Charles-Quint, qui ajoutait beaucoup de prix à la force stratégique de Monaco vint lui-même se rendre compte de l'organisation de la défense et fit visite à son modeste allié.

Lorsque le navire qui portait le monarque pénétra dans le port d'Hercule, le 5 août 1529, il était escorté par quatre-vingts vaisseaux et trente-deux galères, et la population, heureuse de cette puissance derrière laquelle elle se sentait abritée, fit à l'empereur une réception chaleureuse.

Lorsque Charles fut parvenu au palais, les acclamations redoublèrent avec tant de force que l'empereur dut apparaître à la loggia pour remercier le peuple. Les cris de joie semblèrent si sincères à Charles-Quint, que celui-ci, ému de cet accueil, *déclara qu'il anoblissait tous les habitants de Monaco.*

Cependant, la brutalité des Espagnols fit bientôt regretter aux Monégasques leur enthousiasme.

Sous Honoré Ier, qui succéda à Auguste en 1532 ; sous Hercule Ier, qui repoussa victorieusement l'assaut du duc de Guise et n'en fut pas moins assassiné par les Espagnols ; sous Honoré II, les Grimaldi se trouvèrent en constantes difficultés avec leurs protecteurs. Les troupes espagnoles non payées devinrent insolentes et redoutables, et Honoré II revint aux traditions du pays antérieurement au guet-apens de Louis XII. Il rechercha un rapprochement avec le gouvernement de Louis XIII, alors aux mains habiles du cardinal de Richelieu.

Il entama des négociations secrètes avec la France, et en 1630 M. de Sabran, au nom de Richelieu, établissait des accords avec Monaco. Ces pourparlers précédèrent le traité de Péronne, par lequel Monaco passait officiellement sous le protectorat français.

Les clauses de ce traité étaient précédées de considérations qui doivent être relatées.

« Sur ce que le prince de Monaco a fait représenter au roi qu'encore qu'il tienne en souveraineté la dite place et forteresse de Monaco, néanmoins les Espagnols, sous divers prétextes, se sont comme approprié de la dite place, y ayant usurpé un tel pouvoir qu'elle n'est plus en la disposition du prince et pour ce sujet ayant supplié Sa Majesté de le prendre en sa protection et de le délivrer de l'oppression qu'il souffre, La dite Majesté, portée par la seule considération de la justice qui l'oblige à se souvenir de la puissance que Dieu lui a mise en main pour assister les princes ses voisins en la conservation de ce qui leur appartient et pour maintenir la tranquillité publique, a cru ne pouvoir lui refuser sa protection aux conditions que le prince a lui-même proposées, telles qu'il en suit. »

L'article 6 du traité disait :

« La dite Majesté laissera le dit prince en sa liberté et souveraineté de Monaco, Menton, Roquebrune, sans que la dite garnison royale ou autre l'y puisse troubler ou s'ingérer jamais en ce qui est de la dite souveraineté de terre et de mer, et encore moins au gouvernement et justice de ses peuples ou administration de ses biens, mais seulement la dite garnison s'emploiera à garder la place ainsi qu'il est dit ci-dessus. »

D'après ce traité, c'est donc le prince de Monaco

qui a fixé lui-même les conditions du protectorat, et il est déclaré ouvertement que le roi de France intervient seulement parce que les Espagnols ont porté atteinte à cette souveraineté.

Ce traité demeura en vigueur pendant un siècle et demi, et les engagements réciproques tenus loyalement amenèrent le plus grand calme dans la principauté.

Honoré II brûlait du désir de se battre avec les Espagnols qui avaient fait subir de si cruelles épreuves aux Grimaldi, et se disposait à rejoindre le maréchal de Créqui en Italie, lorsque Louis XIII, à l'armée de Schomberg en Roussillon, désira le voir. Le 22 mai, il était à Perpignan, après s'être couvert de gloire en plusieurs rencontres, et Schomberg en rendant bon témoignage de sa valeur le présentait au souverain.

Louis XIII l'embrassa avec effusion, et apercevant au cou de son allié le collier de la Toison d'or, lui dit en plaisantant que ce signe de servage ne lui convenait plus. Alors Honoré, riant à son tour, dit au roi : « Sire, c'est un symbole, cet agneau : il représente l'Espagne que Votre Majesté tond d'importance sur tous les champs de bataille où elle se présente. »

Et, en effet, en Flandre, en Italie, dans le Roussillon, les Espagnols étaient battus par les troupes du roi de France.

C'est en ce jour mémorable que Louis XIII accorda à son protégé le duché-pairie de Valentinois, le comté de Carladez, les baronnies de Buis, de Caloniet, la terre et seigneurie de Saint-Rémy. Tout cela pour

compenser les biens que le prince abandonnait en Espagne, à Naples et à Milan.

Enfin, le titre de *prince* fut pour la première fois donné officiellement à Honoré II par Louis XIII, et depuis, ce titre n'a cessé d'être compris dans les documents émanant de la cour de France.

L'Espagne, cependant, avait cherché à intéresser les puissances à ce qu'elle appelait la trahison d'Honoré; celui-ci soumit le cas au congrès de Munster qui légitima absolument son action.

Louis Ier, petit-fils et successeur d'Honoré, avait vingt ans à la mort de son grand-père ; il fut tout à fait *persona grata* auprès de Louis XIV qui, non seulement, lui confirma ses titres, mais l'attacha à sa cour. Il suivit le Roi-Soleil sur les champs de bataille des Pays-Bas, et lui servit d'ambassadeur à Rome, en 1698. Il y mourut le 3 janvier 1701, après avoir rempli avec une extrême habileté des missions très délicates : entre autres, c'est grâce à son influence que le descendant de Charles-Quint appela à la couronne d'Espagne Philippe d'Anjou, second fils du Dauphin.

Louis Ier avait épousé, en 1660, Catherine-Charlotte de Grammont, fille du duc, pair et maréchal de France et de Françoise-Marguerite de Chivré. Saint-Simon dit qu'elle fut aimée du roi, et Antoine qui succéda à Louis Ier est bien certainement le fils de Louis le Grand. En 1715, Antoine, très en faveur auprès du roi de France, marie sa fille aînée la princesse Louise-Hippolyte à Jacques-Léonor de Goyon, sire de Matignon, de la Roche-Guyon, comte de Thorigny. Et sur le désir de Louis XIV, et avec son assentiment officiel, la princesse apporte à son époux le nom et les armes de la maison Grimaldi, cela au détriment d'une branche authentique des Grimaldi, les marquis de Cagnes.

Quelle était donc cette famille française à laquelle le roi de France donnait, à la fois, sa petite-fille, le nom illustre des Grimaldi et une principauté aussi charmante ?

Tant en Bretagne qu'en Normandie, la maison de Goyon a été glorieuse depuis l'an 1100, et chacune de ses descendances a donné des seigneurs importants, aux grandes et fastueuses allures princières ; on y compte des gouverneurs de places, des maréchaux de camp, des colonels généraux, des colonels des Suisses et de la cavalerie, des lieutenants généraux dans les armées, un amiral de Bretagne, un maréchal, des chambellans des ducs de Bretagne, des chevaliers de l'ordre du Saint-Esprit, de grands écuyers de France, des lieutenants généraux de la province de Normandie, un gouverneur général de Guyenne et des maréchaux de France, dont l'un parut au sacre de Henri IV comme connétable.

La maison de Goyon est alliée aux plus grandes et aux plus anciennes familles de Bretagne, à celles d'Orléans-Longueville et de Marie de Bourbon, cousine germaine d'Antoine, roi de Navarre, père de Henri IV. Par leurs alliances, les seigneurs de Matignon descendent du même sang que les princes des anciennes couronnes.

Ils ont eu l'honneur d'être appelés au mariage d'Anne de Bretagne et de Charles VIII comme principaux parents de la reine. Ils sont les descendants du fameux comte de Dunois qui défendit Charles VII. Les Goyon-Matignon sont les seuls seigneurs en France parents de Louis XIV au cinquième degré. Les princes du sang étaient seuls plus rapprochés du trône.

Jacques-François-Léonor de Goyon, sire de Matignon et de la Roche-Guyon, qui épousa la fille aînée et héritière présomptive d'Antoine Ier, prince souverain de Monaco, était né à Thorigny, diocèse de Bayeux, le 21 novembre 1689, et baptisé à la paroisse Saint-Sulpice à Paris, le 23 mars 1700. Dès l'âge de treize ans il était colonel d'un régiment d'infanterie et maître de camp du Royal-étranger cavalerie. Il fit, à la tête de ce régiment, la campagne des Flandres en 1711 et 1712 et se couvrit de gloire à Denain, au siège de Douai et du Quesnoy, en Allemagne, en 1713, au siège de Laudaud de Fribourg, et aussi en Espagne, en 1719, sous les ordres du maréchal duc de Berwick. Il quitta l'armée en avril 1720.

Son père lui céda, en 1723, la lieutenance générale de la Normandie et ses autres gouvernements pour favoriser son mariage.

Jacques de Matignon, à cette occasion, reçut le titre de duc de Valentinois par brevet du roi donné à Marly, le 24 juillet 1715. Ce brevet transférait le duché-pairie de Valentinois créé par Louis XIII en faveur d'Honoré II.

Louise-Hippolyte Grimaldi devint souveraine de Monaco par la mort de son père, le 20 février 1731; son règne fut court. Elle mourut, le 29 décembre, de

Phot. Numa-Blanc

S. A. S. le prince Charles III de Monaco
père du prince régnant actuel

la petite vérole contractée auprès des malades qu'elle visita avec une grande charité pendant une épidémie terrible.

Son fils, Honoré III, qui commence la nouvelle branche des Grimaldi-Goyon-Matignon, fut reconnu souverain de Monaco, en vertu des ordres de son père. Honoré vint aussitôt en France et fut présenté au roi en sa qualité de souverain.

La guerre ayant éclaté entre la France et l'Autriche, Honoré III commanda une brigade et se trouva en présence, tantôt des Anglais, tantôt des Hanovriens, puis des Hollandais unis aux Hongrois. Il fut blessé à Maëstricht; à peine remis, il eut un cheval tué sous lui à Laufeld. A Fontenoy, à Raucourt, il se couvrit de gloire. Il était alors maréchal de camp.

Au siège de Berg-op-Zoom, le roi dut recommander de veiller sur le jeune prince, tant son hasardeux courage l'inquiétait.

Louis XV avait pris Honoré en grande affection, et dans ses lettres à la duchesse de Châteauroux, il l'entretenait sans cesse des qualités aimables du jeune souverain.

A la paix d'Aix-la-Chapelle, Honoré retourna dans sa principauté et épousa Marie-Catherine de Brignole-Sale, la superbe fille du doge de Gênes. Le 13 novembre 1761, il conduisait sa femme à la cour de France avec les deux fils qu'il en avait eus déjà, Honoré-Charles-Maurice et Joseph-Marie-Jérôme-Honoré.

La beauté délicieuse de la princesse fit sensation.

Le prince de Condé en devint amoureux fou, quitta la cour et chercha à oublier dans ses terres. Fidèle à

2*

ce souvenir, à la mort d'Honoré, il épousa sa veuve, le 24 novembre 1798.

La révolution éclate et Monaco en ressent tous les contre-coups. On parodie les événements de Paris. En 1789, des meneurs s'agitant, Honoré, comme Louis XVI, accorde des réformes sans satisfaire les exigences. Venu à Paris pour obtenir secours du roi, le prince comprend la gravité de la situation et se retire en Normandie.

Nice fut réunie à la France, et le 31 janvier 1793 Monaco faisait partie du quatre-vingt-cinquième département de la République une et indivisible, sous le nom de Fort-Hercule.

En 1793, le Gouvernement républicain, en vertu du traité de Péronne, avait reconnu la qualité d'État allié à la principauté. Cependant, le 14 février 1793, Carnot proposait à la Convention de s'annexer Monaco :

« La dignité nationale doit vous décider à accueillir le vœu des habitants du pays de Monaco. Considéré même sous le point de vue de la défense générale, le pays n'est pas absolument nul ; il recule nos limites jusqu'aux pieds des montagnes qui les fixent naturellement. Il offre, à Monaco même, un petit port qui a quelques avantages. Cette ville, fortifiée et protégée par un château bien situé, ferme aux ennemis l'entrée de la République du côté de l'Italie, et rend cette frontière très assurée.

« Ces motifs ont paru déterminants à votre comité diplomatique. Cependant, comme il ne paraît pas que le ci-devant prince se soit déclaré l'ennemi de la France dans le cours de la Révolution, comme il en a même toujours réclamé la protection en qualité de puissance amie et alliée, votre comité pense qu'en anéantissant ses jouissances honorifiques et féodales, ainsi que tout ce qui tient au fisc, elle lui doit protection et sauvegarde, pour tout ce qui lui appartient à titre de simple citoyen. *La loyauté française, en jetant sur le prestige des grandeurs l'éclair qui les dissipe*, n'écrase point celui qui en est revêtu. On peut encore être homme, QUOIQU'ON AIT ÉTÉ PRINCE. »

Carnot constatait donc que le prince était un fidèle allié de la France. En conséquence, on lui prenait ses biens et ses titres, mais on lui laissait la vie, ce qui était beaucoup alors.

Cependant, le prince Honoré courut de grands risques : il fut arrêté le 28 septembre 1793, et resta détenu jusqu'au 28 juillet suivant.

En 1797, le Gouvernement de la République fit mettre aux enchères les meubles et objets d'art que contenait le palais ; il fut d'abord transformé en hôpital militaire et, plus tard, en dépôt de mendicité jusqu'en 1815.

Honoré III eut deux fils de son mariage avec Catherine de Brignole : le duc de Valentinois, Honoré-Gabriel, qui plus tard devint prince de Monaco sous le titre d'Honoré IV et épousa Félicité-Victoire, fille du duc d'Aumont et de Jeanne de Durfort de Duras qui fit entrer dans la famille le duché-pairie de Mazarin ; et un second fils, Joseph, qui épousa en 1782 Françoise-Thérèse de Choiseul-Stainville, guillotinée sous la Terreur.

Le fils aîné d'Honoré IV entra dans les hussards de

la République et fit partie de l'armée du Rhin ; grièvement blessé à la bataille de Hohenlenden en 1800, il fut l'aide de camp de Grouchy, puis de Murat, plusieurs fois mentionné dans les divers ordres du jour. Après le combat de Breslau, Grouchy déclara que son aide de camp Monaco, à la tête d'une poignée de cavaliers, avait fait mettre bas les armes à un bataillon tout entier. Il fit les campagnes de Silésie, de Friedland, d'Espagne. Au combat de Guttstadt, grièvement blessé et cité à l'ordre du jour, il fut fait chevalier de la Légion d'honneur, à la demande de Murat.

Le fils cadet Joseph, qu'on appelait M. de Monaco, fut capitaine de la garde impériale et se battit vaillamment. Devenu officier d'ordonnance de Napoléon Ier, celui-ci se chargea d'apporter à l'impératrice Joséphine la nouvelle officielle de la paix de Tilsitt. Nommé par la suite grand écuyer de l'impératrice, il s'attacha fort à elle et ne voulut pas accepter les mêmes fonctions auprès de la fille de l'empereur d'Autriche et demeura jusqu'en 1814 auprès de Joséphine.

Les traités de 1814, grâce à l'intervention du prince de Condé, font restitution de la principauté aux Grimaldi.

Aussitôt, Honoré IV, malade à Paris, délègue, pour le représenter, son frère Joseph qui fait prendre en son nom possession de la principauté, et qui est du reste suivi, à quelque distance, du fils même du prince.

On raconte qu'à son débarquement au golfe Juan,

l'escorte de l'empereur arrêta la voiture du prince héréditaire qui se rendait de Paris à Monaco.

Le général Cambronne, qui commandait, conduisit le fils d'Honoré IV à l'empereur :

« Tiens, c'est vous, Monaco, où allez-vous ainsi ?

— Sire, comme vous, à la recherche de mon royaume.

— La rencontre est piquante. Vous savez que je vais être obligé de vous reprendre votre trône, mais n'oubliez pas que je vous garde une place de chambellan près de moi. » Et empereur et prince se quittèrent après s'être embrassés.

Après Waterloo, on signe un nouveau traité le 20 novembre 1815. Le traité de Péronne qui mettait la principauté sous la protection française est annulé. C'est la Sardaigne qui bénéficiera désormais du protectorat.

Le roi de Sardaigne, en obtenant la protection de la principauté après les Cent Jours, faisait un premier pas vers la conquête, qu'il avait bien l'intention de faire.

Dès 1817, en effet, la politique piémontaise s'efforce d'affaiblir les princes en empêchant le développement naturel de Monaco. Elle supprime la fabrique des tabacs, principal revenu de ce petit pays et la gêne se fait aussitôt sentir. Honoré IV tourne donc bien vite ses regards vers la France et, sans souci des traités, n'espère plus que dans le retour à l'ancien protectorat.

Lorsqu'il meurt en 1819, il laisse à Honoré V le conseil de se rapprocher le plus possible de la France.

Ce prince, en attendant un moment favorable, réorganise son petit État. Il remet l'administration civile et militaire dans les mains d'un gouverneur général, crée le Conseil d'État et fait adopter le Code français.

Honoré, dans l'impossibilité de résister à l'ambition de son protecteur, habitait presque toujours Paris, où il s'efforçait de trouver des secours contre les États sardes; il ne venait à Monaco que pour mettre à exécution des projets qu'il avait conçus au milieu des légistes et des administrateurs français. Il créa un hôtel des Monnaies, s'occupa d'œuvres philanthropiques; et s'efforça de parvenir à l'extinction du paupérisme dans la principauté.

Lorqu'en 1821 le mouvement libéral italien s'étendit dans la Péninsule, il gagna vite Monaco, et les Mentonnais se soulevèrent contre M. de Villaret, gouverneur du prince. Honoré V parvint à apaiser les mécontents, et regagna ensuite Paris, où il mourut le 2 octobre 1841.

Florestan Ier, son frère et son successeur. fut un prince aimable, doux et lettré. Il aimait peu les armes, et ce ne fut que pour obéir à son père qu'en 1806 il entra dans un régiment d'infanterie française et prit part à la fameuse campagne de Russie, où il fut fait prisonnier. Revenu en France en 1814, il se fit acteur, et se maria, en 1816, selon son cœur, à une Française de condition modeste, à une danseuse.

Cependant, le Piémont n'abandonnait pas ses prétentions sur la principauté. L'aide de camp du prince, nommé Trinca, vendu à la maison de Savoie, sollicitait le prince de céder Monaco à son protecteur, et le général Gamet, commandant la garnison sarde et soi-disant chargé de protéger le prince, paraissait prêt, au contraire, à s'emparer de la principauté.

Florestan venait de marier son fils le duc de Valentinois avec une Mérode en 1846, lorsque l'agitation sourdement préparée à Menton par Trinca soudain éclata. Le prince aussitôt envoya son jeune fils accompagné du général Gamet et de l'aide de camp Villaret pour calmer cette effervescence.

Lorsqu'ils arrivèrent à Menton, la révolution était accomplie, la déchéance du souverain prononcée et l'indépendance de Menton et de Roquebrune proclamée.

Mais aussitôt l'indépendance sous la dictature du général Quenel proclamée, les agitateurs démasquaient leurs batteries et proposaient l'annexion de ces deux cités au Piémont. Il fallut l'intervention de l'Autriche pour s'opposer à la spoliation, et le congrès de Paris pour la rendre irréalisable, lors de la cession du comté de Nice.

Victor-Emmanuel, en juillet 1860, dut renoncer au protectorat sur la principauté et retirer les troupes d'occupation. L'influence sarde avait duré quarante-cinq années. Aussitôt, des négociations s'ouvrirent entre le prince et Napoléon III. L'empereur ne pouvait tenir pour sérieux le plébiscite des Mentonnais et devait traiter de la cession des deux villes. Ce traité fut signé le 2 février 1861.

Charles III, prince de Monaco, cédait les deux villes contre une indemnité de quatre millions ; les propriétés privées du prince, mises sous séquestre par les révolutionnaires, revenaient à Charles III ; les sujets monégasques avaient une année pour opter entre la principauté et la France. La France s'engageait à faire construire, de Nice et à Menton, une route et à faire passer un chemin de fer par la principauté. Ce traité fut ratifié le 11 février par les Chambres.

Le prince Charles III n'eut, dès lors, d'autre souci que celui d'assurer la prospérité de son peuple, et nous aurons à étudier son œuvre avant de parler de celle du prince Albert. En mariant, le 15 février 1863, la princesse Florestine, sa sœur, au duc d'Urach-Wurtemberg, Charles III créa à sa maison une alliance très importante en Allemagne, et en unissant son fils Albert, en septembre 1869, à Marie-Victoire de Douglas, fille du duc d'Hamilton et de la princesse Marie de Bade, proche parente de Napoléon III, il obtenait une alliance étroite avec le Gouvernement français.

La révolution de 1870 rendait cette alliance politique inféconde, et comme les époux avaient des caractères incompatibles, la séparation eut lieu. Mais n'anticipons pas. Nous avons retracé à grands traits, dans ce chapitre, l'histoire de la famille Grimaldi, c'est un point acquis.

Albert Ier descend donc directement de Louis XIV qui fut l'amant de Charlotte de Grammont, par les Goyon-Matignon ; il est à la fois parent des Bourbons et des plus illustres maisons de la noblesse de France ; il est Français, exclusivement Français de goût et de cœur, et il tient de sa grand'mère Gibert, la danseuse, les quelques gouttes de sang roturier indispensable pour avoir le sens pratique de la vie. De là, ce mélange étrange de noblesse et de ruse, ce marin intrépide et ce négociateur cauteleux, ce savant et ce remarquable homme d'affaires.

CHAPITRE III

La jeunesse du prince Albert.

Naissance d'Albert. — Une éducation dirigée vers la marine. — Le prince officier dans la marine espagnole. — Portrait du prince à cette époque. — Il abandonne l'Espagne après l'exil de la reine Isabelle. — Albert à Rome. — Visite à Napoléon III. — Le mariage d'Albert avec la duchesse Hamilton. — La cérémonie. — L'acte officiel. — Pèlerinage à Notre-Dame de Liesse. — Voyage de noce. — Naissance du prince Louis. — Le prince sert la France comme lieutenant de vaisseau pendant la guerre de 70. — Sa campagne à bord de la *Couronne*. — Il reçoit la croix d'honneur. — Désaccord entre le prince Albert et la princesse Marie. — Une scène de violence sur la promenade des Anglais. — La princesse se sauve en Bavière en emportant son fils. — Albert réclame diplomatiquement son fils. — Dissolution du mariage civil. — Annulation du mariage religieux. — Acte officiel de dissolution. — Le prince en Tunisie. — Œuvre historique du prince. — Le prince se lie avec la duchesse de Richelieu.

Albert-Honoré-Charles, prince héréditaire de Monaco, était issu de l'union contractée en 1846 par Charles III avec Antoinette-Ghislaine de Mérode. Il fut élevé dans la principauté et au délicieux château de Marchais, sous les yeux attentifs de sa mère.

La princesse appartenait à l'illustre maison belge qui donna à l'Église le distingué prélat Mgr de Mérode ; elle était d'une grande vertu, d'une profonde piété et d'une intelligence remarquable. Charles III, occupé outre mesure à la réorganisation et, on peut dire, à la renaissance de sa principauté, avait perdu entièrement la vue. Aussi, malgré son affection pour son fils, fut-il obligé d'abandonner l'éducation du prince héritier à de nombreux et distingués professeurs, qui firent travailler très énergiquement leur élève.

Dès l'âge le plus tendre, Albert se montra passionné pour les sciences, et voulut être marin ; il reçut donc une éducation exclusivement dirigée vers la marine, et fit des études très spéciales et très approfondies, sous la direction d'un officier de la marine française du plus haut mérite.

Il entra, en 1866, dans la marine royale espagnole en qualité d'enseigne, et, dans ce grade, il accomplit de longues croisières à la Havane et dans l'Amérique du Nord. Il fut promu, en 1868, lieutenant de vaisseau.

Le prince était alors d'une grande et mâle beauté, de haute taille, il avait beaucoup de dignité naturelle. Ses manières étaient simples, et son élégance sobre mettait bien en relief sa démarche aristocratique ; parlant peu, très froid et très réservé, il était d'un caractère audacieux, se plaisait aux aventures périlleuses, et préférait les fatigues salutaires de la vie maritime aux loisirs de Madrid et aux plaisirs de la cour.

Cependant, le jeune officier, très apprécié dans l'entourage de la reine, jouissait de toute la faveur de la souveraine; il allait être nommé, malgré son jeune âge, à un commandement, lorsque la reine Isabelle fut exilée.

Profondément attaché à la souveraine qui n'avait cessé de le traiter comme un fils, le prince Albert ne pouvait servir les ennemis de sa royale protectrice; il se fit mettre en congé et profita de sa liberté pour aller visiter Rome et recevoir la bénédiction du Souverain Pontife.

Pie IX portait à Charles III une affection toute particulière. Il reçut le jeune prince avec une extrême bienveillance, et voulut que, pendant son séjour dans la ville éternelle, il fût entouré de toutes les prévenances et de tous les égards dus à son rang. Le prince laissa à la cour pontificale et dans la grande société romaine le souvenir d'un gentilhomme accompli et d'un grand avenir.

Après son retour de Rome, au mois de juin 1869, le prince fut officiellement présenté aux Tuileries. L'empereur et l'impératrice, émerveillés de la dignité simple et de la réserve pleine de noblesse du jeune prince, résolurent de le marier à la princesse Hamilton, pupille de l'empereur.

La princesse était infiniment belle, riche à l'excès, et de la plus haute noblesse : elle était la fille du duc Guillaume-Archibald-Antoine d'Hamilton et Brandon, marquis de Douglas, duc de Châtellerault; elle descendait donc de deux anciennes familles du Royaume-Uni qui ont mêlé plusieurs fois leur sang à celui des

Bruce et des Stuart, et qui ont joué un grand rôle dans l'histoire d'Écosse et d'Angleterre. Par sa mère Marie-Élisabeth-Caroline de Bade, cousine du grand-duc, et sœur de la princesse de Hohenzollern-Sigmaringen, elle avait pour aïeule la grande-duchesse Stéphanie, fille adoptive de Napoléon Ier. Elle appartenait à la maison de Bade par la ligne cadette des Zœrhingen qui a donné les Habsbourg à l'Empire et est alliée à presque toutes les dynasties régnantes de l'Allemagne. Du côté des Beauharnais, la jeune princesse ne comptait pas moins d'augustes alliances en Russie, en Suède, en Bavière et surtout en France.

Napoléon III, déjà son proche parent, était devenu son tuteur. C'était aussi la fille de cette noble et pieuse duchesse Hamilton, qui ne pouvait se consoler de l'irréparable perte de son époux ; c'était encore la petite-fille de la grande-duchesse Stéphanie, qui fut une des plus hautes intelligences de notre siècle.

La jeune princesse, à peine âgée de dix-huit ans, était déjà une femme accomplie ; grande et de taille élégante, elle avait les yeux bleus, le teint mat et les cheveux lourds d'une Italienne. Avec cette beauté éclatante, elle était d'une simplicité extrême ; élevée à l'anglaise, elle parlait avec abandon, d'une façon charmante, exempte de pose. Très instruite, douce et confiante, elle était d'une candeur exquise.

Le prince, hélas ! était fort bien, mais il n'avait que vingt années, et c'était tôt, pour prendre une détermination aussi lourde que celle du mariage.

Il fallut, dit-on, l'insistance de Charles III qui

voyait pour la principauté le gros avantage d'avoir des liens si étroits avec les Tuileries, il fallut même une lettre personnelle de l'empereur, très pressante, pour décider Albert.

Le mariage fut célébré en grande pompe, au château de Marchais, le mardi 21 septembre 1869.

Dès le samedi 18 septembre, les augustes fiancés s'étaient réunis avec leurs familles au palais de Saint-Cloud, dans le cabinet même de l'empereur, oncle et tuteur de la princesse Marie, pour signer le contrat de mariage en présence de LL. MM. l'empereur et l'impératrice et de S. A. le prince impérial. Le mardi 21, les formalités de la loi furent accomplies dans le grand salon du château par M. Soyer, maire de la commune de Marchais, remplissant les fonctions d'officier de l'état civil.

Etaient présents :

S. A. S. Charles III, prince régnant de Monaco ; S. A. S. Mme la princesse mère ; S. A. R. Mme la princesse de Bade, duchesse d'Hamilton ; S. Gr. le duc d'Hamilton, frère de la fiancée ; S. E. le duc de Bassano, grand chambellan, représentant l'empereur. Les témoins étaient pour le prince héréditaire : S. E. le baron Imberty, gouverneur général de la principauté, et S. E. le duc d'Acquaviva, chargé d'affaires du prince à Paris. Pour la princesse Marie : S. G. le duc d'Hamilton et M. le comte de Rantzau, secrétaire de la légation de Bade à Paris.

Dans l'assistance : le préfet de l'Aisne ; M. Gastaldi, maire de Monaco ; Mme Gastaldi, dame du palais ; les dignitaires, aides de camp et officiers de la maison du prince, les dames attachées aux princesses et plusieurs personnes de distinction.

Voici, du reste, l'acte officiel de la célébration du mariage civil :

Extrait des minutes des actes du mariage de la commune de Marchais (Aisne) année 1869.

L'an mil huit cent soixante-neuf, ce jourd'hui vingt et un septembre, à neuf heures du matin.

Nous, Jean-Baptiste-Amédée Soyer, maire et officier de l'Etat Civil de la commune de Marchais, canton de Sissonne, arrondissement de Laon, département de l'Aisne ;

En vertu de l'autorisation de M. le Procureur impérial près le tribunal de première instance à Laon, en date du premier septembre courant ;

Nous nous sommes transportés dans le grand salon du château de Marchais dépendant de ladite commune, où nous avons trouvé réunis :

Son Altesse Sérénissime Monseigneur Albert-Honoré-Charles Grimaldi, prince héréditaire de Monaco, âgé de vingt ans et dix mois, né à Paris, rue de l'Université, nº 90, le treize novembre mil huit cent quarante-huit, ainsi que le constate son acte de naissance ci-joint, lieutenant de vaisseau dans la marine royale d'Espagne, domicilié au palais de Monaco, et résidant actuellement au château de Marchais, fils mineur de Son Altesse Sérénissime Monseigneur Charles III, prince souverain de Monaco, âgé de cinquante ans, domicilié au palais de Monaco, et résidant actuellement au château de Marchais, présent et consentant, et de feue Son Altesse Sérénissime, Madame Antoinette-Ghislaine, comtesse de Mérode, princesse de Monaco, son épouse, décédée au palais de Monaco, le dix février mil huit cent soixante-quatre, ainsi que l'atteste l'acte de décès ci-annexé, — d'une part ;

Et Madame la princesse Marie-Victoire de Douglas-Hamilton, âgée de dix-huit ans et neuf mois, née à Saint-Jacques Wesminster, comté de Middlesex (Angleterre), le onze décembre mil huit cent cinquante, ainsi que le certifie l'acte de baptême ci-joint ; domiciliée à Bade, grand-duché de Bade, et résidant actuellement à Paris, rue Saint-Dominique n° 119, fille mineure de feu Sa Grâce Guillaume-Alexandre-Archibald-Antoine de Douglas et Clyderdale, duc d'Hamilton et Brandon, pair d'Angleterre et d'Écosse, duc de Châtellerault, comte d'Angus, Arran, Lanark et Selkirk, baron de Dutton, premier pair d'Écosse, gardien héréditaire du palais royal de Holyrood à Edimbourg, maréchal d'Écosse, décédé à Paris, place Vendôme, n° 5, le quinze juillet mil huit cent soixante-trois, ainsi que le constate l'acte de décès ci-annexé, et de Son Altesse Royale Marie-Amélie-Élisabeth-Caroline, princesse de Bade, sa veuve, âgée de cinquante et un ans, domiciliée en son palais de Bade, et résidant actuellement à Paris, rue Saint-Dominique n° 119, présente et consentante — d'autre part ;

Lesquels, assistés de :

Son Altesse Sérénissime Madame Marie-Louise-Charlotte-Gabrielle Gibert de Lametz, princesse douairière de Monaco, domiciliée au palais de Monaco, aïeule du futur époux.

Et du Représentant de Sa Majesté l'Empereur, tuteur et parent de la future épouse, Son Excellence Hugues-Joseph-Napoléon Maret, duc de Bassano, grand chambellan de Sa Majesté l'Empereur, sénateur, grand officier de l'ordre impérial de la Légion d'honneur, grand-croix de l'ordre de la Fidélité de Bade, etc.

Nous ont requis de procéder à la célébration de leur mariage dont les publications ont été faites devant la porte de la mairie de Marchais les dimanches quinze et vingt-deux août dernier, ainsi que le certifie le registre des publications de cette commune, et les dimanches vingt-deux et vingt-neuf du même mois, à neuf heures du

Phot. Numa-Blanc

LA COMTESSE DE MÉRODE, PRINCESSE DE MONACO
mère du prince régnant actuel

matin, à la porte de la mairie du 7e arrondissement de Paris, ainsi que le constate le certificat de publication et de non-opposition ci-joint, délivré par le maire dudit arrondissement le premier de ce mois.

Les futurs époux et les augustes personnages autorisant le mariage, sur notre interpellation en exécution de la loi du dix juillet mil huit cent cinquante, nous ont remis un certificat constatant que les conventions civiles ont été passées au palais de Saint-Cloud devant Me Robin et son collègue, notaires à Paris, le dix-huit septembre courant.

Aucune opposition au dit mariage ne nous ayant été signifiée, faisant droit à leur réquisition, après avoir donné lecture de toutes les pièces ci-dessus mentionnées et du chapitre six du Code Napoléon, titre du Mariage, nous avons demandé au futur et à la future s'ils veulent se prendre pour époux et pour épouse.

Sur leur réponse séparée et affirmative, nous avons déclaré, au nom de la loi, que :

Son Altesse Sérénissime Monseigneur Albert-Honoré-Charles Grimaldi, prince héréditaire de Monaco, et Madame la princesse Marie-Victoire de Douglas-Hamilton sont unis par le mariage.

Le tout a été fait publiquement en présence de :

Son Excellence Edouard, baron Imberty, gouverneur général et président du Conseil d'Etat de la principauté de Monaco, commandeur de l'ordre de Saint-Charles de Monaco, grand-croix de l'ordre pontifical de Saint-Grégoire-le-Grand, grand-croix de l'ordre du Saint-Sépulcre, grand-officier de l'ordre de l'Etoile Polaire de Suède, grand-officier du Nicham-Iftikar de Tunis, commandeur de l'ordre des Saints-Maurice-et-Lazare d'Italie, commandeur de l'ordre équestre de Saint-Marin, officier de l'ordre impérial de la Légion d'honneur... etc...

Et Son Excellence Serge-Henri, comte d'Avidgor, duc d'Acquaviva, chargé d'affaires de Son Altesse Sérénissime le Prince de Monaco près Sa Majesté l'Empereur des

Français, grand-croix de l'ordre de Saint-Charles de Monaco, commandeur de l'ordre impérial de la Légion d'honneur, grand-croix de l'ordre d'Isabelle-la-Catholique d'Espagne, grand-croix de l'ordre équestre de Saint-Marin, grand-croix de l'ordre du Lion et du Soleil de Perse, grand-croix de l'ordre du Sauveur de Grèce, grand-croix de l'ordre du Nicham-Iftikar de Tunis, grand-croix de l'ordre du Mérite du Venezuela, grand-officier de l'ordre de Saint-Louis de Parme, commandeur du nombre extraordinaire de l'ordre de Charles III d'Espagne avec plaque, commandeur de l'ordre de François Ier des Deux-Siciles, officier de l'ordre des Saints-Maurice-et-Lazare d'Italie, décoré de la médaille du Mérite-et-Dévouement de Saint-Marin, etc...

Témoins de l'époux ;

Et de :

Sa Grâce Guillaume-Alexandre-Louis-Etienne de Douglas et Clydesdale, duc d'Hamilton et Brandon, pair d'Angleterre et d'Écosse, duc de Châtellerault, etc..., frère de l'épouse,

Et Monsieur Othon-Auguste-Christian-Charles-Jean-Guillaume, comte de Rantzau-Bitenbourg-Rohlstorff, gentilhomme de la Chambre, secrétaire de la légation de Son Altesse Royale le grand-duc de Bade près Sa Majesté l'Empereur des Français, chevalier de 1re classe de l'ordre du Mérite de Philippe-le-Magnanime de Hesse-Darmstadt, etc.

Témoins de l'épouse.

Et nous avons immédiatement dressé le présent acte, dont nous avons donné lecture aux comparants et aux témoins et que nous avons signé avec eux après la lecture.

(*Signé*) : Marie de Douglas-Hamilton ; Albert, prince héréditaire de Monaco ; Charles, prince de Monaco ; Caroline, princesse douairière de Monaco ; Marie, princesse de Bade, duchesse d'Hamilton ; duc d'Hamilton, Brandon et Châtellerault ; duc de Bassano ; baron Edouard Imberty ; duc d'Acquaviva ; comte de Rantzau ; Joseph Ferrand, préfet de l'Aisne. — *Le maire* : A. Soyer.

Les princes, les témoins, et les hauts fonctionnaires étaient en uniforme et portaient de nombreuses et brillantes décorations. Aussitôt la cérémonie civile terminée, lorsque le cortège parut à la grande entrée du château, les musiques se firent entendre et les tambours battirent aux champs. En ce moment, les jeunes gens et les jeunes filles de Marchais, rangés à droite et à gauche, s'avancèrent vers le prince Albert et la princesse Marie et leur offrirent de splendides bouquets avec les vœux de la population.

Puis le cortège se remit en marche et traversa la cour sur un tapis enguirlandé de mousse, pour se rendre à la chapelle où devait avoir lieu le mariage religieux. Le clergé attendait sur les degrés de la porte extérieure transformée en arc de triomphe de verdure. L'intérieur du bel oratoire bâti par le comte de Lorraine avait été décoré de draperies de velours et de massifs de plantes, au milieu desquels s'élevait l'autel orné de riches candélabres.

Les jeunes époux prirent place sur les prie-Dieu qui leur étaient destinés à l'entrée du chœur, les membres des deux familles princières à droite et à gauche, et de chaque côté dans la nef les personnages admis à la cérémonie.

Mgr Theuret, protonotaire apostolique, prélat de la maison de Sa Sainteté et aumônier de S. A. S. Charles III, prononça une chaleureuse allocution qui empruntait un touchant intérêt à la mission qu'il avait remplie comme gouverneur du jeune prince. Sa parole éloquente impressionna l'auditoire en évoquant les souvenirs historiques des deux familles qui allaient s'unir dans la personne des jeunes époux. Puis revêtant les insignes pontificaux, il procéda à la bénédiction nuptiale, entouré de tout le clergé du diocèse de Laon.

La cérémonie, pendant laquelle la musique fit entendre des symphonies religieuses de Bach, se termina par la bénédiction apostolique envoyée de Rome le jour même aux illustres époux et donnée solennellement, au nom du Saint-Père, par le prélat officiant.

A la sortie de la messe, le cortège rentra au château, acclamé par la population, au son des musiques, au bruit des coups de feu.

Tous les regards se portaient sur les époux et allaient du prince Albert revêtu du grand uniforme de la marine espagnole, avec le grand-cordon de Saint-Charles de Monaco et la plaque de Charles III d'Espagne, à la princesse Marie d'une beauté si saisissante dans sa blanche et merveilleuse toilette de mariée, si modeste en sa démarche, si gracieuse qu'un murmure d'admiration s'élevait de toutes parts.

A 11 heures et demie, le prince réunissait dans la superbe salle à manger du château, autour d'une table servie avec un luxe suprême, toutes les personnes invitées au mariage. Durant le repas, deux orchestres exécutèrent l'air national de Monaco, l'air de la reine Hortense, l'air national anglais et l'air national du Rhin.

A 2 heures, les vastes pelouses qui précèdent la façade principale du château pavoisée aux couleurs de France, de Bade et de Monaco, offraient le coup d'œil le plus pittoresque. Le prince Charles III, voulant que le mariage de son fils devînt une date mémorable dans la contrée, ne s'était pas contenté de faire distribuer de larges aumônes aux indigents; il avait invité tous les habitants à un grand banquet, et à ce moment plus de 2.000 personnes assises devant les tables recouvertes de belles nappes blanches et servies avec abondance prenaient part à un festin où la gaîté régnait.

L'enthousiasme éclata surtout quand S. A. S., suivi des jeunes époux et de ses invités, fit le tour des tables populaires. Tous les convives quittèrent leurs tables, s'approchèrent du prince qu'ils avaient vu grandir et le complimentèrent. Un peu plus tard, le prince Albert et la princesse Marie se rendirent seuls dans la grande avenue, où des jeux variés avaient été installés pour la plus grande joie du populaire; ils plurent à tous par la grâce charmante avec laquelle ils se mêlaient à la foule, voulant prendre part aux divertissements.

A 5 heures, sur les tables encore dressées, on servit aux habitants des deux communes de Marchais et de Liesse une collation arrosée de vin de Champagne. Ensuite, les danses commencèrent, conduites par le meilleur orchestre de Laon et se continuèrent joyeusement toute la nuit.

Avec le soir la fête se présenta sous un nouvel aspect: on vit, tout à coup, sur la cour d'honneur du château et les avenues environnantes, s'illuminer mille feux; des cordons de flammes couraient le long du gazon; aux branches pendantes des grands arbres se balançaient des ballons de couleurs variées.

Enfin, à 8 heures, un magnifique feu d'artifice fut tiré sur l'immense pelouse devant la façade nord du château, les bombes éclataient en gerbes de feu et les fusées s'élançaient vers le ciel pour retomber en pluies d'étoiles multicolores. L'artillerie du château tonnait et les flammes de Bengale venaient donner à tout cet ensemble une couleur féerique.

Le lendemain 22 septembre, le prince Albert et la princesse Marie se rendirent à Liesse pour faire visite à Notre-Dame. La population, ayant eu connaissance de leur arrivée, leur improvisa une entrée vraiment triomphale : ils durent, avant d'atteindre le sanctuaire, passer sous un arc de verdure, entendre les félicitations de la municipalité, recevoir les bouquets des dames de Liesse et traverser les rues pavoisées, enguirlandées, précédés de la musique locale jouant l'hymne monégasque.

Les jeunes époux surpris furent complimentés à la porte de l'église par le clergé. Les enfants de Marie offrirent à la princesse une médaille d'or. Ensuite, aux accords harmonieux de l'orgue, ils pénétrèrent dans le sanctuaire, vinrent s'agenouiller sur le prie-Dieu qu'on leur avait préparé dans le chœur ruisselant de lumières et reçurent la bénédiction du Saint-Sacrement donnée avec la plus grande solennité. A leur sortie, les époux, acclamés, furent reconduits jusqu'à l'entrée de la ville.

Jeudi 23, le prince et la princesse quittaient Marchais, se rendant d'abord à Paris auprès de l'empereur, et gagnaient la Suisse par le grand-duché de

Bade et enfin le Wurtemberg, où partout ils furent fêtés de la meilleure façon. Les commencements de cette union furent charmants malgré tout. Au milieu des réjouissances de toute nature qui accueillirent les époux en Allemagne, en France et surtout à Monaco, la princesse Marie devint grosse et donna le jour au prince Louis, qui naquit à Paris, le 12 juillet 1870. Ce fut une grande joie pour Charles III et aussi pour le prince Albert, mais on eut peu de temps pour se réjouir. La guerre éclatait vers le même temps entre la France et la Prusse et, dès le début de la campagne, le prince dut se préparer à partir comme lieutenant de vaisseau dans la marine française.

En effet, une décision impériale venait peu auparavant d'autoriser l'admission, *à titre étranger*, de S. A. S. le prince Albert de Monaco dans la flotte impériale. Or, les officiers admis à ce titre jouissent des mêmes prérogatives que ceux du même grade à titre français, ils font le même service sans distinction aucune. De tout temps, le Gouvernement français a gracieusement admis des rejetons de familles illustres dans les armées de terre et de mer. Quelques-uns ont atteint les plus hauts grades ; citons : le duc de Fitz-James, vainqueur d'Almanza ; le maréchal de Saxe, vainqueur de Fontenoy ; le maréchal de Lowendahl ; enfin plusieurs Grimaldi ont honoré le titre d'amiral : Rénier, amiral de France sous Philippe-le-Bel ; Antoine qui battit les Espagnols ; Dominique, qui se couvrit de gloire à la bataille de Lépante, etc. Albert de Monaco qui adore le métier de marin, n'avait pas attendu sa lettre de service; il était allé, dès la déclaration de guerre, se mettre à la disposition du ministre de la Marine. C'est ainsi qu'il fit, à bord de la *Couronne* et auprès de l'amiral Fourichon, la campagne de la mer du Nord, et les services éminents qu'il rendit lui valurent la croix de la Légion d'honneur, ce dont le prince est très fier.

La chute de l'Empire, les malheurs de l'année terrible, eurent un grand retentissement dans la maison Grimaldi. Charles III était un admirateur de Napoléon III, il le considérait comme son suzerain, et c'était pour lui plaire qu'il avait pressé le prince Albert de s'unir avec la pupille de l'empereur.

Non seulement la puissante alliance rêvée était brisée, mais ce mariage contracté par deux enfants était loin d'avoir été heureux. Le caractère de la princesse Marie était tout différent de celui du prince Albert. La princesse, élevée à l'anglaise, était vraiment d'une simplicité extrême qui ne cadrait pas très bien avec l'attitude des princes de la petite cour monégasque. On vivait à l'italienne à Monaco, avec beaucoup de faste, de décorum, et la princesse Marie, comme à Londres, sortait seule avec son chien, sans dame d'honneur, sans chambellan. Cela était désagréable au possible au prince Albert, qui voulait que l'étiquette fût respectée. Les années qui suivirent la guerre, le prince Albert délaissa sa jeune femme, et s'adonna avec passion à son goût pour la navigation.

Puis, lors de la restauration de la maison de Bourbon en Espagne, il accompagna, en 1875, le jeune roi Alphonse XII à Madrid, et reprit du service dans la marine royale avec le grade de capitaine de frégate.

Au milieu de tous ses voyages, le prince revenait souvent à Monaco, à Paris, à Marchais, pour voir le prince Louis qu'il affectionnait et qui grandissait en force et en beauté ; mais le désaccord entre les époux ne faisait que s'accroître à chaque entrevue.

Le, prince se trouvant alors à Nice, à l'un de ses passages, eut, sur la promenade des Anglais, une véritable scène avec la princesse à laquelle il reprochait, comme par le passé, de manquer absolument de la tenue extérieure convenable à une princesse Sérénissime, et à la suite de cette discussion très vive, dans laquelle Albert s'oublia jusqu'à frapper sa femme, la princesse se retira furtivement à Florence, emportant son fils le prince Louis.

Le prince Albert dut, de concert avec son père, réclamer diplomatiquement son fils qui lui fut rendu; mais, à la suite de cette équipée, il demanda la dissolution de son mariage civil à Monaco et à Paris, et sollicita du Souverain Pontife l'annulation de son mariage religieux.

La cause fut de longs mois pendante devant la sacrée congrégation du concile et longuement discutée, mais le prince ayant produit à la chancellerie romaine la lettre par laquelle l'empereur Napoléon III obligeait pour ainsi dire le jeune prince à épouser sa pupille, il fut reconnu à l'unanimité que c'était sous l'empire de la crainte (*metu*) qu'avait été consacrée cette union qui, pour être valable devant Dieu, devait avoir été librement consentie, et le mariage fut annulé en 1880.

Voici la mention de la dissolution du mariage civil :

MENTION DE LA DISSOLUTION DU MARIAGE

En marge dudit acte est écrite la mention :

Rectification. — Il résulte d'une décision de Son Altesse Sérénissime Monseigneur le Prince souverain de Monaco, en date du vingt-huit juillet mil huit cent quatre-vingt rendue exécutoire en France par jugement du Tribunal civil de première instance du département de la Seine en date du vingt-sept août mil huit cent quatre-vingt, que le mariage civil contracté entre Son Altesse Monseigneur Albert-Honoré-Charles Grimaldi, prince héréditaire de Monaco, et Madame la Princesse Marie-Victoire de Douglas-Hamilton, est déclaré dissous.

Transcrit par nous, Bernier, Arsène-Théodore, maire et officier de l'État Civil de la commune de Marchais, à titre de simple mention, la décision et le jugement précités étant transcrits en entier sur le registre de l'année mil huit cent quatre-vingt.

Fait en la mairie de Marchais, le 17 décembre 1880. *Signé* : Bernier. — Pour extrait conforme, délivré le 29 décembre 1880. Le maire de Marchais (*signé*) : Bernier.

Vu par nous juge de paix du canton de Sissonne, arrondissement de Laon (*Aisne*) pour la légalisation de la signature de M. Bernier, maire de la commune de Marchais, apposée ci-dessus. Sissonne, le 30 décembre 1880 (*signé*) : Carlier.

Vu pour la légalisation de la signature de M. Carlier, apposée ci-contre. Paris, le 6 janvier 1881. Par délégation du garde des Sceaux, Ministre de la Justice, le sous-chef de bureau délégué (*signé*) : Bonnet.

Le Ministre des Affaires Étrangères certifie véritable la signature de M. Bonnet.

Cinq mois après l'annulation de son mariage avec Albert, Marie-Victoire Hamilton épousait à Florence un noble seigneur hongrois le comte Tassito Festetics de Tolna, chambellan de l'empereur d'Autriche. qui, avec une grande-duchesse de Russie, s'était constitué son protecteur. La princesse vit toujours avec son second mari à Vienne, 8, Lowelstrasse et témoigne à son fils le prince Louis la plus grande tendresse. Chaque année, elle le reçoit plusieurs fois.

En 1881, le prince Albert suivit, à l'état-major du général Forgemol, la campagne de Tunisie tout entière. Il s'y montra un officier remarquable, connaissant admirablement le terrain, et capable de diriger des troupes importantes. On ne l'appréciait encore que comme soldat, ou comme marin, et on ne savait pas que le prince était un véritable savant.

Pendant les huit années qui nous séparent de son avènement, le prince s'occupa exclusivement de science et d'histoire. Je dirai plus loin quels furent ses travaux scientifiques qui en font une des illustrations les plus considérables de cette époque; je veux dire quelques mots ici de ce que le prince Albert a fait au point de vue historique.

Dans les huit dernières années du règne de Charles III, l'attention de ce prince avait été appelée par son fils sur l'importance des papiers historiques renfermés dans les archives monégasques. Il avait ordonné, en 1881, le classement de ce dépôt considérable à M. Gustave Saige, le remarquable savant qui dirige encore les collections historiques du prince.

Ce travail fit découvrir des documents si considérables que le prince Albert conçut en 1885 le projet de mettre en lumière les parties les plus précieuses des archives, et il obtint de son père l'autorisation de publier le fruit de ses travaux et de ceux de M. Saige. Onze volumes in-4° des documents relatifs à l'histoire de Monaco furent ainsi publiés sous la haute direction du prince Albert, puisque Charles III, privé de la vue, et habitant presque constamment Marchais, ne pouvait par lui-même se rendre compte de l'importance et de la valeur de ces travaux, et c'est là une œuvre considérable qui met le Prince Albert en bonne place parmi les historiens.

Nous voici arrivés en 1887. Le prince a trente-neuf ans, la fougue de la jeunesse est passée; c'est un homme maintenant, d'un grand courage, d'une volonté de fer; c'est un esprit rassis, tout à fait remarquable, connaissant à fond la politique étrangère, au courant de tout ce qui se passe dans les cours. C'est, en outre, un savant véritable qui travaille consciencieusement dans son cabinet. Charles III est dans un état de santé qui donne des inquiétudes à son entourage. Le prince Albert est à la veille de régner; il lui faut une femme pour faire les honneurs de son palais et le remplacer pendant les absences que rendent nécessaires ses travaux scientifiques. C'est alors qu'il rencontre, à Madère, Alice Heine, duchesse de Richelieu.

La duchesse est veuve; elle est d'une grande beauté, colossalement riche et d'une remarquable intelligence, elle tient de près à la haute banque. C'est la souveraine rêvée, c'est la compagne qui convient à Albert. Charles III fait d'abord quelques difficultés, parce que la future princesse n'est pas d'un sang assez illustre, mais au moment où il va mourir, il comprend qu'il est indispensable que le mariage se fasse pour le bien de tous, et il donne librement son consentement à son fils. Charles III s'éteint le 11 septembre 1889.

CHAPITRE IV

La mort de Charles III et l'avènement d'Albert Ier.

Décès de Charles III à Marchais. — Proclamation du gouverneur de Monaco. — Le corps transporté dans la principauté. — Albert Ier reçoit les ambassadeurs. — La cérémonie funèbre. — Le cercueil princier porté par trente-six nobles monégasques. — Magnifique cortège. — Cérémonie admirable à la cathédrale. La descente du corps au caveau princier. — La cérémonie du serment. — Imposante manifestation. — Le commencement d'un règne.

Dans la nuit du 11 septembre 1889, Charles III, père d'Albert Ier, mourait dans son château de Marchais, près de Villers-Cotterets (Aisne), à l'âge de soixante et onze ans, après toute une vie de travail. Le vieux prince, complètement aveugle depuis de longues années, s'occupa cependant presque jusqu'à sa dernière heure des intérêts si importants de la principauté.

La nouvelle de la mort de Charles III fit une très

vive impression dans toute la contrée voisine de Monaco. La proclamation suivante fut affichée dès le lendemain du décès :

Habitants de la Principauté,

Son Altesse Sérénissime Monseigneur le Prince Charles III, notre Auguste Souverain, a rendu sa grande âme à Dieu !

Son Altesse Sérénissime Monseigneur le Prince héréditaire lui succède, et prend le nom d'Albert Ier.

Le meilleur et le plus respectueux des fils tient à honneur de se faire le continuateur énergique et convaincu des réformes, des progrès et des bienfaits sans nombre que la Principauté doit au génie créateur de son auguste et vénéré père.

Il nous saura gré de remplir un devoir sacré en proclamant tout d'abord et bien haut notre profonde reconnaissance pour celui qu'il pleure et dont il bénit avec nous l'impérissable mémoire.

La saine et très solide popularité de notre nouveau souverain a précédé de longtemps son avènement à la couronne. Il est, dès aujourd'hui, le bien-aimé de son peuple.

Votre Gouverneur, qui est heureux de pouvoir se dire en même temps votre ami, est donc certain de trouver de l'écho dans vos cœurs, en réveillant ici le souvenir d'une formule chère à vos ancêtres, parce que le principe dont elle s'inspirait a été, pendant de longs siècles, la meilleure sauvegarde de leur indépendance : « Grimaldi est mort, s'écriaient-ils à chaque changement de règne, vive Grimaldi ! »

Nous avons hérité de l'intégrité de leur foi dynastique, affirmons-la comme eux, à l'heure solennelle que nous traversons, en répétant, en bons et loyaux Monégasques :

Le prince Charles III n'est plus !

Vive le prince Albert Ier !

La cérémonie funèbre du 26 septembre fut une des plus belles, des plus grandioses et des plus émouvantes dont Monaco ait été le théâtre, et la manifestation extraordinaire dont les obsèques du prince Charles III furent l'occasion montra bien, par la spontanéité des hommages rendus à l'auguste défunt, quelle place sa mémoire tenait, non seulement dans le cœur de ses sujets, mais dans la reconnaissance de toute la région.

Une existence princière, si bien remplie, ne pouvait avoir un plus digne épilogue.

Dès que le corps du défunt prince, arrivé de Paris, fut exposé dans la chapelle ardente du palais, une foule immense, qui peut être évaluée à vingt mille personnes défila respectueusement, et vint s'agenouiller au pied du cercueil.

Pendant ce temps, les préparatifs étaient poussés avec une activité fiévreuse pour la cérémonie imminente.

Les décorations du palais, celles de la cathédrale, se dressaient comme par enchantement. Rien ne peut rendre l'effet grandiose de la cour d'honneur toute tendue de noir, ni celui des deux étages d'arcades de la double galerie d'Hercule entièrement drapés ; chaque arcade dessinée par les tentures relevées et retenues par de grandes embrasses d'argent, et le tout surmonté d'un haut bandeau noir rehaussé par une fasce d'hermine.

Le grand escalier en fer à cheval, lui aussi recouvert, était orné sur les flancs de larges draperies relevées et contenues sur les rampes par des patères

Phot. Numa-Blanc

LE PRINCE ALBERT
en officier de la marine espagnole

d'argent et des cordelières disposées de façon à donner aux plis la forme la plus sévère et en même temps la plus élégante. Sur la place, d'où l'on communiquait avec la cour d'honneur par le guichet complètement transformé en un long couloir funèbre, la façade était tendue de la même façon dans toute sa longueur et dans la hauteur des deux étages avec des larges bandeaux d'encadrement rehaussés d'hermine.

La veille de la cérémonie, les envoyés extraordinaires de Wurtemberg, de France et d'Italie, accrédités, arrivèrent à Monaco.

A 4 heures, M. le baron de Brusselles, maréchal de la cour de S. M. le roi de Wurtemberg, fut reçu à la gare par M. le comte d'Orémieux, aide de camp, et conduit au palais dans une voiture de la cour ; le poste des gardes d'honneur prit les armes et rendit les honneurs.

Cet envoyé extraordinaire fut reçu par le prince souverain dans la salle Grimaldi. Son Altesse Sérénissime était entourée de sa maison militaire.

S. E. le gouverneur général, baron de Farincourt assistait à l'audience.

M. le baron de Brusselles, après avoir remis ses lettres de créance et s'être entretenu avec le prince pendant quelques instants, a été conduit aux appartements qui avaient été préparés pour lui au palais.

A 5 heures du soir, M. Henry, préfet des Alpes-Maritimes, envoyé extraordinaire du président de la République française, accompagné de M. le vicomte de la Morlière, envoyé extraordinaire, adjoint à la mission, sont venus du consulat de France également dans une voiture de la cour, accompagnés de M. le comte de Lamotte, chambellan ; les envoyés français ont été reçus par le prince, et ont remis leurs lettres de créance avec le même cérémonial.

Son Altesse Sérénissime reçut ensuite M. le marquis Centurione, envoyé de S. M. le roi d'Italie, et M. le contre-amiral Rocomaure, envoyé spécial de notre ministre de la Marine.

La cérémonie funèbre eut lieu le 26 septembre 1889, à 10 heures du matin. Au moment de la levée du corps, trente-six Monégasques des meilleures familles, se présentèrent pour avoir l'honneur de porter sur leurs épaules le cercueil de leur prince. Une vieille coutume du pays veut, en effet, que les restes mortels des souverains ne soient portés jusqu'à la cathédrale que par des nobles monégasques.

Le cortège, formé sur la place du Palais, se mit alors en marche. Une multitude de couronnes, offertes par les députations, étaient portées en tête du défilé. Signalons les plus belles :

Celle de la colonie française, celles de la colonie italienne, de la colonie suisse, de la colonie belge, de la colonie allemande, de l'orchestre de Monte-Carlo, des Corses habitant Monaco, de la jeunesse monégasque, de la Société des régates, des sociétés de beaux-arts, des députations de Menton, etc.

Un détachement de carabiniers précédait le défilé qui s'est effectué dans l'ordre suivant :

Les jeunes filles de l'orphelinat.

Les élèves des classes de filles des écoles primaires.

Les élèves du pensionnat des Dames de Saint-Maur.

Les élèves des classes de garçons de l'école primaire.

L'Ecole apostolique.

Le collège Saint-Charles.

Le collège de la Visitation.

Venaient ensuite les députations ainsi placées :

Une députation de la commune de la Turbie portant une superbe couronne.

L'imprimerie avec une couronne.

La couronne de la Société des bains de mer.

La couronne, sur un brancard, du personnel de la police.

La colonie suisse avec une couronne sur un brancard.

La colonie belge avec une couronne sur un brancard.

La colonie allemande avec une couronne sur un brancard.

La musique de Porto-Maurizio.

La colonie italienne avec un char portant ses couronnes.

Les Corses avec une couronne.

La musique de Menton.

La colonie française avec une couronne merveilleuse.

La députation de Menton avec deux couronnes.

Enfin, le grand char portant les fleurs de la population monégasque, et traîné à quatre chevaux.

Venait ensuite le corbillard orné de drapeaux monégasques, surmonté de la couronne royale et décoré de magnifiques broderies d'argent; il était traîné par six superbes chevaux noirs tenus en main par des piqueurs en grande livrée de deuil.

Immédiatement après le char venaient :

La congrégation des enfants de Marie de Saint-Charles et de Sainte-Dévote,

Les mères chrétiennes de Sainte-Dévote,

Les religieuses de toutes les congrégations,

Toutes les confréries,

Le chapitre de Monaco,

Le Rv^{me} P. Floria, général des Pères de la Mère de Dieu,

Le Rv^{me} abbé mitré de Lérins,

S. G. l'évêque de Nice, suivi de ses vicaires généraux,

S. G. Mgr Theuret, évêque de Monaco, prélat officiant en chape et en mitre,

L'étendard escorté par deux officiers des gardes,

Le cercueil de S. A. S. le prince Charles III porté, comme nous l'avons dit, à l'épaule par trente-six Monégasques en manteau de cour, se relayant.

La haie d'honneur était faite par les officiers des gardes d'honneur.

Les cordons du poêle étaient tenus : à droite, par MM. le baron de Farencourt, gouverneur général; de Lattre, président du tribunal ; Turrel, avocat général; le commandant Dacaïn et le capitaine Rebuffat; à gauche, par M. le comte Gastaldi, maire de Monaco; le colonel du génie Lasvigne, faisant fonction de gouverneur de Nice ; le colonel comte de Sainte-Croix, le commandant Paul et le capitaine Ardoin.

La couronne de la compagnie des gardes suivait le cercueil.

Les religieuses du Bon-Secours et les Frères qui avaient soigné le prince dans sa dernière maladie.

La livrée du prince.

Les dignitaires portant les honneurs : le comte colonel de Castro, le commandant du palais, le capitaine Gastaldi.

Un maître des cérémonies et un ordonnateur général précédaient :

S. A. S. le prince Albert Ier, ayant à sa droite S. A. S. le prince héréditaire et à sa gauche S. A. le prince Karl d'Urach,

S. E. M. le baron de Brusselles, maréchal de la cour et envoyé extraordinaire de S. M. le roi de Wurtemberg.

M. Henry, préfet des Alpes-Maritimes, envoyé extraordinaire du président de la République française,

M. le vicomte de la Morlière et M. le contre-amiral Rocomaure, envoyés extraordinaires adjoints à la mission,

M. le marquis Centurione, envoyé de S. M. le roi d'Italie,

M. le comte de Zeppelin, représentant S. A. R. la duchesse d'Urach,

Les membres du corps consulaire,

S. A. le prince Constantin Radziwill,

Le représentant de S. A. le prince Roland Bonaparte.

Le lieutenant de vaisseau Germinet, aide de camp,

représentant le vice-amiral Duperré, préfet maritime de Toulon,

Un maître des cérémonies, puis :

M. Dugué de Mac-Carthy, secrétaire du gouvernement,

M. le conseiller d'État Jolivot,

M. le comte Bertora, représentant l'ordre de Saint-Charles, et toutes les délégations des sociétés avec leurs drapeaux, etc. Un peloton de carabiniers suivait le cortège.

Le défilé s'accomplit par la place du Palais, la rue du Milieu, la rue de Lorraine, la place de la Visitation, l'avenue des Pins, l'avenue Saint-Martin, la rue de l'Église et la place Saint-Nicolas.

Une foule recueillie, qu'on peut évaluer à trente mille personnes, bordait le parcours. Le corps ne put pénétrer dans la cathédrale qu'à 11 heures. Le spectacle qu'offrait à ce moment la basilique était plein de grandeur. Les hautes draperies funèbres rehaussées d'hermine tendaient la nef et le pourtour entier des chapelles du chevet ; cette ornementation relevait encore le caractère si sévère et si plein de majesté de l'architecture romane de cet imposant édifice, mais ce qui attirait tous les regards, c'était le catafalque surmonté d'un baldaquin occupant toute la hauteur de la coupole centrale d'où descendaient quatre draperies doublées d'argent et d'hermine relevées aux angles du transept par des traverses qui les laissaient retomber en bannières.

Aussitôt le cercueil déposé sur le catafalque, l'évêque de Monaco commença l'office.

La grand'messe fut chantée par la maîtrise assistée par la société chorale de Monaco, avec le concours des artistes de l'orchestre de Monte-Carlo, sous la direction du maëstro Bellini. Cette partie musicale tiendra dans les souvenirs de cette douloureuse solennité une grande place, par la perfection avec laquelle les masses chorales et instrumentales exécutèrent les douze morceaux qui composaient leur programme : le *Requiem* et le *Dies iræ* de Madorino, le *Pie Jesu* de Faure furent justement remarqués, ainsi que l'oraison funèbre, et le *Chœur sur la tombe*, de M. Bellini.

A la fin de la messe, les cinq absoutes furent données par S. G. Mgr Balain, évêque de Nice ; le Rv^me^ P. Marie Colomban, abbé mitré de Lérins ; le Rv^me^ P. Flora, recteur général des clercs réguliers de la Mère de Dieu ; Mgr Gayotte, prélat de la maison de Sa Sainteté, doyen du chapitre de Monaco ; enfin par Mgr l'évêque de Monaco officiant.

Cette dernière absoute fut précédée du chant de l'admirable *Libera*, de Palestrina, dans lequel la société chorale fit sensation. Les princes ensuite donnèrent l'eau bénite, puis furent reconduits par les envoyés extraordinaires et les autorités jusqu'au palais.

A 5 heures du soir, le même jour, le prince Albert Ier, le prince héréditaire et le prince Karl d'Urach assistèrent à la descente du corps de Charles III dans le caveau des princes.

Leurs Altesses n'étaient accompagnées que de S. E. le gouverneur général, de M. le comte colonel de Castro, du maire et du docteur Chevalet.

S. G. Mgr l'évêque de Monaco était présent et a donné une dernière absoute, puis l'auguste défunt fut placé à côté des princes, ses prédécesseurs.

Toute cette cérémonie s'accomplit avec une grandeur extrême.

Les princes demeurèrent dans le deuil le plus sévère jusqu'au 3 octobre, puis ce jour-là, qui était un jeudi, le palais de Monaco fut le théâtre d'une solennité pleine d'émotion et de réelle grandeur.

Suivant une tradition aussi vieille que la dynastie elle-même, les Monégasques assemblés, comme autrefois leurs pères, autour de la bannière fuselée vinrent jurer fidélité à l'héritier des Grimaldi.

S. A. S. le prince Albert Ier voulut inaugurer son règne en faisant revivre, dans sa simplicité primitive, la coutume nationale ; il décida que le peuple, réuni tout entier (en Parlement général, comme dit l'antique formule), fut appelé à affirmer en masse sa foi dynastique et son dévouement traditionnel.

L'imposante manifestation montra bien que la détermination du prince répondait aux sentiments patriotiques les plus profondément enracinés dans le cœur des Monégasques. Ce contact immédiat du souverain avec ses sujets les plus humbles fit ressortir combien est resté vivace et fort le lien patriarcal et familial qui, à travers les âges, a maintenu ce peuple, petit par le nombre, grand par les annales, dans son autonomie.

L'histoire de Monaco est pleine de ces exemples d'union loyale et intime entre les Grimaldi et les vieux Guelfes, dont ils furent les chefs glorieux et vénérés.

C'est sous cette forme qu'au milieu du quatorzième siècle Charles Ier était acclamé lorsqu'il affirmait les franchises et les privilèges de Monaco, à l'encontre des prétentions des Génois; dans cette forme aussi que Jean Ier, au retour d'une longue captivité à Milan, avait reçu le témoignage de la fidélité de son peuple.

C'est ainsi également que, dans la minorité de Claudine Grimaldi, Lambert Grimaldi, son époux, avait groupé en 1458 les mêmes dévouements, en sorte que l'instrument public, où a été consigné cet acte historique, a depuis servi de modèle pour le serment prêté à ses successeurs.

Conservée à peu près intacte jusqu'à la Révolution française, cette tradition s'était modifiée depuis la restauration des princes en 1814. L'élan enthousiaste, avec lequel les Monégasques vinrent renouveler le vieux serment de leurs ancêtres, prouve que le prince Albert Ier a touché, à cette occasion, à l'une des fibres les plus sensibles qu'il pouvait faire vibrer.

La cérémonie du 3 octobre eut deux phases distinctes. Dans la première, les dignitaires, la magistrature, les fonctionnaires, la commission communale et les employés des diverses administrations, prêtèrent le serment individuel; la seconde partie fut consacrée au serment collectif des Monégasques. Toutes deux eurent lieu en présence du Conseil d'État séant extraordinairement pour recevoir l'acte du serment, dresser et enregistrer le procès-verbal.

A 2 heures, les autorités de tous ordres se trouvèrent réunies dans la salle Grimaldi. Des deux côtés du trône prirent place : à droite, le Conseil d'État ayant à sa tête son Président S. E. le baron de Farencourt, gouverneur général de la principauté ; à gauche, la maison militaire et la maison civile du prince.

Les fonctionnaires furent placés en face et des deux côtés de la salle, suivant l'ordre ordinaire des préséances.

S. A. S. le prince Albert Ier fit son entrée, ayant à sa droite S. A. S. le prince héréditaire.

Le prince s'étant assis et couvert, le président du Conseil d'État, après avoir, en quelques mots, fait connaître l'objet de la réunion, lut la formule du serment.

M. le chevalier Jolivot, conseiller d'État, secrétaire du Conseil, fit aussitôt l'appel nominal.

La prestation du serment terminée, lecture fut donnée du procès-verbal, et la séance levée.

Pendant ce temps, les habitants de la principauté, sujets monégasques majeurs, avaient été admis dans la cour d'honneur du palais sur la présentation d'une carte distribuée à la mairie ; tous étaient présents à l'appel.

Le pavillon blanc des princes chargé des armes des Grimaldi était porté au centre et au premier rang ; il faisait face à la plate-forme du grand escalier d'honneur ; d'autre part, sur la balustrade de cette plate-forme, à la place où devait paraître le souverain, le grand étendard rouge et blanc des Monégasques avait été jeté en forme de draperie et constituait l'unique décoration préparée en cette cérémonie. Les deux bannières se trouvaient ainsi face à face et, par un symbolisme qui n'avait pas été cherché, mais qui n'en frappa pas moins les assistants, le peuple arbora les insignes du souverain, tandis que le prince, pour recevoir le serment, s'appuya sur le drapeau populaire.

Son Altesse Sérénissime sortit alors de la salle Grimaldi, précédée du Conseil d'État qui se plaça sur le palier de droite, du maire, des adjoints et de la Commission communale qui occupaient le palier de gauche. La maison militaire et la maison civile se tenaient en arrière du prince, et les fonctionnaires sous les arcades de la galerie d'Hercule.

Une triple acclamation accueillit l'arrivée d'Albert Ier; S. E. le gouverneur général, descendant quelques marches en avant du Conseil d'État, lut l'allocution suivante terminée par la formule du serment textuellement traduite de celle de 1458 :

MESSIEURS,

Autrefois, les princes de la maison Grimaldi tenaient, au jour de la proclamation solennelle de leur avènement, à se voir entourés de la grande famille monégasque que vous représentez ici et dont ils sont, depuis près de neuf cents ans, les chefs incontestés et vénérés !

Le prince Albert Ier, notre bien-aimé souverain, a voulu relever cette coutume séculaire et patriarcale en vous appelant aujourd'hui dans le palais, autour duquel vous êtes tous nés, afin de recevoir de vous le serment traditionnel, dont la teneur répond bien réellement, je le sais, aux sentiments de respect filial, de dévouement, de patriotisme que vous ont légués vos pères et qui débordent de vos braves cœurs !

MONÉGASQUES !

Vous reconnaissez pour votre légitime souverain S. A. S. le prince Albert Ier ici présent, vous lui jurez obéissance et fidélité, comme de bons, loyaux et fidèles sujets.

Les Monégasques, d'un seul cri suivi de vivats prolongés, répondirent : « Nous le jurons. »

Le prince revint alors dans la salle Grimaldi et ses sujets furent admis à entrer dans le palais pour saluer leur souverain.

Le Conseil d'État, la maison militaire et la maison civile avaient repris leur place des deux côtés du trône.

Le maire de Monaco, les adjoints et la Commission communale précédaient les Monégasques qui, montant le grand escalier, pénétrèrent par la galerie des Stucs, l'antichambre et le salon Louis XV dans la salle Grimaldi. Le cortège, passant devant le prince, traversa la salle et ressortit par la salle Matignon et la porte du Kolibrele.

Le défilé terminé, Son Altesse Sérénissime, obéissant à un mouvement spontané, voulut revenir encore sur la plate-forme de l'escalier au moment où ses sujets allaient quitter le palais.

Son apparition fut l'occasion de nouvelles acclamations qui furent fort agréables au prince dont le visage révéla la plus forte émotion.

La sortie s'effectua au milieu de l'enthousiasme

général, et la foule voulut faire un cortège au gouverneur et au maire qu'elle accompagna jusqu'à leur demeure et qu'elle acclama.

Ainsi se termina cette solennité dont le souvenir est resté gravé dans les cœurs monégasques, et qui affirme une fois de plus la vitalité de ce petit peuple et son inaltérable union avec l'antique famille Grimaldi.

CHAPITRE V

L'œuvre de Charles III

Charles III cherche une nouvelle voie pour Monaco. — Développement de l'industrie et du commerce. — Traités commerciaux. — Créations d'ambassades et de consulats. — Charles III veut faire de Monaco une ville de saison. — Histoire de la maison de jeu. — Albert, âgé de 12 ans, pose la première pierre du casino. — M. Blanc en prend la direction. — Transformation des Spélugues, le baptême de Monte-Carlo, le jeu et la morale, la richesse de Monaco, les bienfaits de Charle — Monaco est érigé en évêché. — Charles III fait construire une superbe cathédrale. — Les descendants du père Blanc. — Le petit-fils du roi des Grecs sera peut-être roi de Grèce.

La mort de Charles III laissait à Albert Ier le pouvoir absolu sur une délicieuse principauté, merveilleusement organisée, très riche, très prospère avec un trésor, des revenus et une liste civile comme en possèdent peu de monarques. Albert n'avait pas cependant qu'à se laisser vivre, il trouvait une œuvre commencée, qu'il fallait mener à bonne fin, et, il s'est montré très respectueux de la ligne tracée ; il a conservé les idées paternelles et n'a fait que persévérer dans les projets et dans les plans de Charles III.

Avant donc d'exposer l'œuvre d'Albert Ier qui continue, achève et perfectionne celle de Charles III, il importe de connaître cette dernière, nous allons rapidement l'exposer.

Après le traité du 2 février 1861 par lequel il cédait à la France ses droits sur les villes de Menton et de Roquebrune, Charles III, de plus en plus resserré dans l'étroit espace qui constituait son avoir, comprit qu'il devait donner une nouvelle orientation à sa politique intérieure et extérieure.

Le rôle militaire de la principauté semblait terminé. Indépendante sans doute, comme je le prouve d'autre part, elle n'en était pas moins enclavée dans la France et sa prisonnière de fait; la principauté n'avait plus rien à faire au point de vue militaire, elle devait chercher un autre objectif.

Monaco se dépouilla donc de son aspect de forteresse, et Charles III se fit bourgeois et commerçant, ne songeant plus qu'à assurer à son peuple, appauvri, la prospérité.

N'oublions pas qu'à ce moment Charles III est très pauvre et que tout le trésor de Monaco se chiffre par une faible indemnité reçue de la France en compensation de ses droits sur Menton et Roquebrune.

Le prince veut donc développer d'abord dans son pays l'industrie et le commerce, et il conclut avec l'aide de la diplomatie française des traités, très avantageux avec les autres nations.

Le 15 novembre 1864, une convention commerciale

est signée entre Monaco et le grand-duché de Mecklembourg-Schwerin. Le 24 novembre suivant, un traité établit des relations étroites entre Charles III et le bey de Tunis. En 1865, une union douanière lie Monaco à la France. Ce traité concernait surtout le sel, le tabac, la poudre, la monnaie et les postes et télégraphes.

Pour faciliter les relations commerciales qu'allaient développer entente avec les diverses nations, Charles III installa dans les principales villes d'Europe des consulats pour défendre les intérêts monégasques, et aussitôt, de leur côté, les gouvernements accréditèrent des représentants auprès de Charles III. Bientôt la petite principauté fut pourvue d'un corps consulaire très important.

Déjà le développement du commerce et de l'industrie dans la principauté apportait aux Monégasques un peu de bien-être, quand le prince eut la vision des avantages qu'il pouvait retirer de l'admirable position climatérique de son pays.

Il voulut muer son vieux nid d'aigle en délicieux paradis. De sa forteresse, il résolut de faire un éden, une ville de plaisir, où les désœuvrés de ce monde viendraient de toutes parts apporter leur or à ses malheureux sujets.

C'est bien, en effet, la création du casino, la concession donnée par Charles III à la Société des bains de mer qui fit renaître Monaco et lui donna l'opulence.

L'histoire de cette concession doit être rapportée ici, elle touche de trop près à l'histoire de ce petit pays.

Le chateau de Marchais
où mourut Charles III, dans la nuit du 11 au 12 septembre 1889

Phot. Chusseau-Flaviens

La salle Grimaldi au chateau de Monaco
où eut lieu la cérémonie du serment le 3 octobre 1889

En 1856, MM. Langlois et Aubert obtinrent de Florestan Ier, qui, ayant été acteur à l'Ambigu, n'avait pas trop de scrupules, une concession de vingt-cinq ans pour la création et l'exploitation d'un casino. Personne n'y prit garde et ne pouvait prédire alors l'important cercle des étrangers qui devait sortir de cette petite salle de jeu.

Les affaires marchèrent mal au début, et la société ne fit que de menus bénéfices. En 1857, MM. Langlois et Aubert se retirèrent peu satisfaits de leurs opérations, et Charles III qui venait de monter sur le trône, renouvela à un M. Daval, la concession dont il ne comprenait pas encore l'importance. En deux ans, cette nouvelle société fit faillite.

A ce moment, le prince cherchait à se rendre compte de la façon dont étaient organisées les villes de saison, et rêvait d'attirer les riches étrangers par des attractions de toutes sortes. C'est alors qu'il encouragea la formation d'une nouvelle société, composée de MM. Lefèvre et Grivis, qui acheta les établissements de la concession et obtint une prolongation de vingt-cinq années pour son bail, ce qui le portait à cinquante ans.

La salle de jeu fut aussitôt installée rue de Lorraine dans la villa Gabarini ou maison du général. C'était là, en effet, que résidait le chef des troupes sardes lors de l'occupation. Pendant trois années, le casino tint bon : on y donna de fort jolies fêtes et, de Nice, les visiteurs commencèrent à affluer. Il y eut des concerts, des fêtes de nuit, des représentations théâtrales dont la presse parisienne s'occupa et dont

Théodore de Banville nous a gardé l'agréable souvenir dans son livre : *la Mer de Nice.*

La société en pleine floraison commença la construction d'un magnifique casino sur le promontoire des Spélugues. Charles III, en effet, avec une extraordinaire prescience de l'avenir, avait stipulé, au moment de la concession, que le casino devait être définitivement construit en cet endroit.

Le prince prévoyait, que le casino deviendrait le centre d'une véritable ville, et il en avait choisi l'emplacement avec une merveilleuse entente des intérêts de la principauté.

En 1862, le prince Albert, âgé de douze ans, posa la première pierre du casino, et bientôt l'édifice commença à sortir de terre.

Pour peupler rapidement les grands espaces qui séparaient le casino de la Condamine et de Monaco, le prince offrit d'accorder gratuitement des terrains à ceux qui voudraient construire. Personne ne voulut de cette terre, dont le prix est aussi élevé maintenant qu'aux Champs-Élysées, à Paris, et les Spélugues restèrent déserts autour de la maison de jeu naissante.

Cependant, la société voyant s'épuiser son capital dans cette construction fastueuse, parla de se retirer ou d'ajourner les travaux. C'est alors que le prince, qui pour un monde n'aurait voulu voir reculer l'éclosion de son rêve, découvrit M. François Blanc, qui déjà avait lancé le casino de Hombourg, alors en plein succès ; et il le circonvint si bien que celui-ci acheta, au nom de l'actuelle compagnie, les établissements et la concession au prix de 1.700.000 francs, c'est ainsi que se forma enfin, grâce à la persistance de Charles III, *la Société anonyme des bains de mer et du cercle des étrangers*, avec une durée de cinquante ans à partir du 1er avril 1863, et au capital de 15 millions représenté par 30.000 actions de 500 francs.

Dans un autre chapitre, nous dirons ce qu'est devenue la maison de jeu sous Albert Ier; nous ne devons parler ici que de l'œuvre immédiate de Charles III.

Le prince continuait plus que jamais à croire à l'avenir de la maison, et il s'efforçait de peupler de villas les Spélugues tout autour du casino.

Enfin le succès répondit à tant d'opiniâtreté. Le rocher aride se couvrit bientôt de riantes et délicieuses villas, et devint en deux années le plus délicieux séjour du littoral.

Alors Charles III triomphant voulut consacrer par une retentissante manifestation la réussite de son entreprise.

Par ordonnance du 1er juin 1866, il décida que la partie du territoire monégasque comprise entre la grande route de Monaco à Menton et la mer, depuis le vallon de Sainte-Dévote, jusqu'au chemin des Franciosi, porterait désormais le nom de *Monte-Carlo*, le mont de Charles. La Condamine située devant le Port était, elle aussi, devenue une véritable ville. Ainsi la principauté possédait de nouveau trois villes florissantes, comme avant la perte de Menton et de Roquebrune. Le prince Charles III, par la compréhension très nette de la situation, avait rendu la prospérité à son pays et avait cessé lui-même d'être pauvre.

En outre, en donnant hardiment son nom à l'endroit même où s'élevait la maison de jeu, le prince entendait déclarer hautement qu'il acceptait l'entière responsabilité de la création de cet établissement, contre lequel, surtout en Italie, on s'élevait au nom de la morale, maintenant qu'il était en pleine activité.

Qu'on ne s'y trompe pas, je n'ai point l'intention de défendre ici la création de ce casino qui fut la source de tant de richesses, mais aussi la cause de tant de ruines. Le jeu est une passion terrible, et l'exploitation de toute passion est absolument blâmable. C'est là un principe de philosophie qui ne souffre pas de controverse, et c'est un principe dont se réclament tous les États. Nous reconnaissons toutefois que la plupart tout en s'en réclamant, s'en moquent de la plus jolie façon.

En France, où le jeu est officiellement prohibé, il existe des cercles sans nombre, non seulement dans les grandes villes, mais dans les plus humbles sous-préfectures. Il n'est pas une station balnéaire, une ville de saison, qui ne possède son casino avec des petits chevaux et des tables de baccarat où le jeu est loin d'être pratiqué honnêtement. Enfin, sur tous les hippodromes de France et de Navarre fleurit le pari mutuel, organisé spécialement par l'État lui-même pour n'y jamais perdre, drainer l'argent des petites gens, corrompre les élections.

En Italie, où le jeu est sévèrement proscrit, le *Loto-national* rafle tous les samedis des sommes énormes aux plus humbles, avec une égale certitude pour l'État de gagner à tous les coups.

En Belgique, naguère encore, avant ce dernier ministère catholique, il existait des maisons de jeu dans presque toutes les villes importantes : Ostende, Spa, Namur, Dinant, avaient leurs roulettes à plusieurs zéros, et le roi était si peu défavorable à cette institution, que Monaco, qui avait intérêt à la suppression des jeux en Belgique, dut offrir au monarque de magnifiques terrains à Villefranche pour le décider à se plier au désir de son ministère.

Qui ne sait que Carlos Ier de Portugal cherche à faire de Lisbonne ou de Cintra un nouveau Monaco pour refaire ses finances fort compromises par une première faillite.

Ce que l'Italie a fait avec le loto, la France avec le pari mutuel, l'Allemagne avec la loterie de Hambourg, la Belgique avec Ostende, Spa, Dinant et Namur, (j'entends se procurer de l'argent pour venir en aide à l'État ou s'en servir pour les besoins généraux), Charles III l'a accompli à Monaco avec une maëstria très remarquable, je le reconnais.

Sans doute, ce fait du prince n'est pas plus moral à Monaco qu'à Paris ; mais si l'on tient absolument à mettre à l'actif de Charles tous les suicidés qui dorment dans le cimetière qui avoisine la Méditerranée, on doit aussi bien mettre au compte de la vertueuse République française tous les malheureux qui se rendirent à la Morgue, retour de Longchamp.

Charles III eut-il, comme on le dit, de longues hésitations et des scrupules avant d'accorder la concession de la maison de jeu, et ne se décida-t-il à en presser la réalisation que devant la misère véritable de son peuple? je ne sais : toujours est-il que, plus heureux que le nôtre, le peuple monégasque a trouvé du moins son compte à cet acte d'immoralité si généralement flétri.

Dispenser son peuple de tous les impôts, créer des institutions de bienfaisance, supprimer à vrai dire le paupérisme dans un petit État, en faire un véritable paradis, tels furent les premiers actes de Charles III. Dès l'instant où il devint riche, il chercha du moins à réhabiliter son or.

En effet, Charles III fit d'abord construire un vaste édifice pour installer une salle d'asile et recevoir les enfants en bas âge, et il en accorda la direction aux dames de Saint-Maur. Il donna tous ses soins à l'enseignement à tous les degrés ; non seulement fonda des écoles pour les pauvres, mais un superbe collège qu'il confia aux Jésuites, et favorisa, pour l'éducation des jeunes filles l'ouverture d'un pensionnat qui peut soutenir la comparaison avec le meilleur de France.

Enfin, en 1888, le prince Charles fit construire de ses deniers personnels un orphelinat immense qui va de la rue de Lorraine aux remparts et qui reçoit tous les enfants abandonnés du pays. En même temps, il restaurait et agrandissait l'Hôtel-Dieu qui devait être ouvert à tous sans distinction de nationalité et de résidence.

Cet or ne lui semblant pas encore assez purifié, Charles III en offrit une part à Dieu : il éleva d'abord l'église de Saint-Charles à Monte-Carlo, qui avec Sainte-Dévote à la Condamine, et Saint-Nicolas à Monaco formèrent trois paroisses distinctes. Le prince se mit alors en instances auprès du pape Pie IX pour obtenir l'autonomie religieuse pour la principauté qui dépendait de l'évêché de Nice, et Pie IX sans hésitation accorda au prince cette faveur en raison de la générosité sans bornes qu'il n'avait cessé de témoigner aux œuvres catholiques.

Monaco fut donc érigé en évêché et son premier titulaire fut Mgr Theuret.

Le prince, satisfait d'avoir obtenu du Souverain Pontife l'autonomie religieuse, entendit édifier une superbe cathédrale, et nulle autre place ne lui semblant aussi propice que celle où se dressait l'église de Saint-Nicolas ; il la fit abattre.

Cette vieille église du treizième siècle qui dominait la principauté fut donc entièrement démolie et le prince confia la nouvelle construction à l'architecte Charles Lenormand, créateur de Notre-Dame de Nice. Le travail fut accompli avec une si grande rapidité qu'en 1884 la cathédrale était livrée au culte et Charles III voulut assister à la solennelle cérémonie d'inauguration, bien que frappé déjà de cécité.

Cette église fort belle justifie pleinement la satisfaction de Charles III. Elle est en forme de croix latine et affecte le style roman. La façade tournée vers le sud présente trois portes surmontées de tympans; celui qui domine le porche central représente le couronnement de la Vierge. Le long de la façade, des scènes du Nouveau Testament sont représentées sur la frise et aux angles; dans des niches se dressent quatre superbes statues : saint Charles, en mémoire du prince; saint Nicolas, en souvenir de l'église démolie; sainte Dévote, patronne de la principauté, et sainte Thérèse, aussi très honorée dans le pays.

Le porche est soutenu par de riches colonnes de porphyre et surmonté d'une belle rosace qui éclaire la nef. Pénétrons dans l'intérieur par le magnifique perron, et, par la grande et majestueuse nef, avançons jusqu'auprès de l'autel.

Cet autel, le trône de l'évêque, le buffet de l'orgue qui fait face, ainsi que l'appui pour la communion sont en marbre et en mosaïques du plus grand prix.

Au-dessus de l'autel, le chœur haut de 18 mètres, se terminant en demi-coupole, est décoré d'une vaste composition en mosaïque par Facchina, l'artiste vénitien qui travailla à l'ornementation de l'Opéra de Paris. Le sujet, traité à la façon byzantine, représente la Vierge, ayant à sa droite saint Pierre et à sa gauche le prophète Isaïe, présidant toute une réunion de saints composée de vingt-sept personnes.

De toutes les chapelles des nefs latérales, je ne citerai, du côté gauche, que la chapelle funèbre des princes où, depuis Jean II (1505) jusqu'à Charles III (1889), vingt-sept princes ou princesses dorment de leur dernier sommeil. Je ne fais que citer les choses principales, mais il faudrait tout un chapitre de ce livre pour énumérer les objets d'art et parler des tableaux remarquables que le soin pieux de Charles III groupa dans la nouvelle basilique. Je ne peux cependant pas passer sous silence un chef-d'œuvre de Ludovic Brea, le grand maître de l'école génoise, dont le Louvre possède un superbe rétable; c'est une merveilleuse peinture sur bois dont il reste six panneaux représentant les épisodes de la Passion. Au milieu, Notre-Dame de la Compassion tient le Christ sur ses genoux et, à ses côtés, Marie et Madeleine l'assistent dans sa douleur. Au fond, le paysage représente le vieux Monaco avec ses remparts et une inscription portant la date d'avril 1505.

A gauche et à droite de ce chef-d'œuvre sont encore deux autres belles peintures provenant du même maître; l'une représente saint Jacques portant le bâton du pèlerin, l'autre sainte Thérèse tenant une palme.

Ces admirables peintures, qui appartenaient à l'ancienne église, ont été restaurées par M. Florence, un artiste distingué qui fut longtemps au service du prince et qui s'occupa avec une grande entente de tout ce qui concernait la galerie de Charles III.

Le pape Léon XIII se montra satisfait des œuvres pies accomplies par le même prince et il lui en témoigna, à diverses reprises, sa satisfaction en attribuant des décorations et des titres de noblesse aux personnages importants de la principauté.

De son côté, le prince, qui avait établi une ambassade auprès du Saint-Siège, saisit habilement toutes les occasions de témoigner sa fidélité et son dévouement au Saint-Siège. Aussi, lorsque Charles III vint à mourir, Mgr Theuret, évêque de Monaco, ne manqua pas d'affirmer dans l'oraison funèbre que nous avons reproduite que Charles III avait été honoré de l'amitié du grand pape. On le voit, Charles était un diplomate aussi avisé qu'un commerçant retors ; il avait su faire ses affaires et il s'éteignait dans la *respectabilité* la plus parfaite.

Au reste, cet argent, dont la source nous semble si méprisable, ne paraît pas avoir par trop tourmenté les scrupules de conscience des membres des familles souveraines ou de la plus haute aristocratie. Les filles du père Blanc, tenancier de Monaco et de Hombourg, n'ont-elles pas épousé, l'une le prince Radzivill aussi noble qu'un roi, l'autre le prince Roland Bonaparte, descendant direct d'un frère de Napoléon Ier. La fille de celui-ci n'épouse-t-elle pas le prince royal de Grèce? Si bien que le père Blanc, qualifié ironiquement de *roi des Grecs*, aura peut-être un petit-fils *roi de Grèce*. Edmond Blanc a été fait comte pour que sa femme, la petite Marot, du Palais-Royal, pût comme ses beaux-frères avoir une couronne. Une autre branche des Blanc vient aussi de recevoir un titre de prince romain. Les Blanc et leurs enfants, tous nobles et tous titrés, sont donc cousins de rois et de princes. Ce serait peut-être se montrer plus catholique que le pape et plus royaliste que certains rois que de tenir rigueur aux princes de Monaco de ce qu'on trouve bon chez les descendants du père Blanc et de Charlotte Hensel. Nous laissons donc à nos lecteurs le soin de tirer la *moralité* de cette histoire, que nous nous sentons impuissant à trouver seul.

CHAPITRE VI

L'œuvre d'Albert Ier.

Le prince, se conformant aux plans de son père, achève toutes les œuvres commencées. — Un coup d'œil sur la principauté permet de juger les travaux princiers. — La promenade de Sainte-Barbe. — La caserne des gardes d'honneur. — La mairie et la justice de paix. — Le palais de justice. — La cathédrale. — Le collège. — La place de la Visitation. — L'imprimerie officielle. — Les jardins de Saint-Martin. — Le port. — Les thermes. — Sainte Dévote et sa curieuse légende. — Les jardins de Monte-Carlo. — Le tir aux pigeons. — Le palais des Beaux-Arts. — Le Riviera-Palace. — Le chemin de la Turbie — Le musée d'anthropologie. — L'hôpital. — L'Institut international de la paix. — Le personnel d'élite choisi par Albert Ier pour diriger les services. — Le gouverneur général. — Les tribunaux. — Le clergé. — Les couvents. — La force publique. — La police. — Le corps diplomatique. — Admirable organisation administrative.

L'œuvre du prince Albert, pour être moins connue et moins apparente que celle de Charles III, n'en est pas moins considérable. Albert Ier a achevé toutes les entreprises de son père ; même il les a perfectionnées, augmentées, complétées en s'inspirant de ses idées.

Le prince, en un mot, a fait de son charmant petit État, un lieu de rêve. Nulle part au monde, il n'est de pays comparable à celui-là, pour la douceur du climat, la beauté du paysage, le charme et l'élégance du décor. Les rues sont tenues comme des salons, les jardins comme des serres ; tout est peigné, brossé, ciré, parfumé, c'est inimaginable !

Si, venant de Paris, l'on descend à la gare de Monaco, on a devant soi une large voie qui aboutit à la place d'Armes. Cette place, bordée de portiques à l'italienne, sépare le vieux Monaco des nouveaux quartiers. De là, nous allons très rapidement visiter la principauté pour nous rendre compte des travaux immenses effectués sous le règne du prince Albert, travaux qui ont complètement changé l'aspect général du pays.

A droite de la place, on aperçoit les escarpements de Monaco au-dessus desquels s'élèvent les bastions féodaux de Seravale. A gauche, c'est la route ou plutôt la rue qui mène au port et à la gendarmerie.

L'avenue de *la Porte-Neuve*, qui en longeant le flanc Est du rocher de Monaco passe au pied des glacis, pénètre dans la ville haute par la porte aux Tonnelles et les jardins de Saint-Martin et nous conduit, à l'aide d'un tram électrique, en plein cœur de Monaco, c'est-à-dire à la place centrale de la Visitation.

C'est au prince Albert qu'on doit l'installation de ce tramway, qui pour quelques centimes nous conduit à la principauté.

Jadis, pour parvenir au château, on prenait surtout la rampe qui commence à la place d'Armes, et s'élève par deux escaliers collés au roc jusqu'au bastion qui couronne le sommet de Monaco.

Ce fut du reste longtemps le seul chemin donnant accès au palais, la seule route princière par laquelle les souverains pouvaient gagner leur demeure seigneuriale.

Si l'avenue de *la Porte-Neuve* n'est pas l'œuvre complète d'Albert Ier, il lui appartient en propre d'avoir amélioré et adouci le chemin de façon à en pouvoir rendre la pratique facile aux voitures, de l'avoir bordé d'arbres et de plantes grasses, ce qui la rend charmante et ombragée du côté de la mer, enfin d'y avoir disposé une voie électrique pour faciliter l'abord de la place et du château.

De la place de la Visitation, nous gagnons en un instant la place du Château que le prince a fait réparer en même temps qu'il faisait de la promenade Sainte-Barbe un endroit délicieux.

Bordée de platanes, la promenade chère aux Monégasques domine des plantations en terrasses sur les escarpements de l'anse du Canton. Le prince y a fait placer le buste en marbre de Charles III, et une fontaine monumentale y est disposée pour fournir de l'eau à tous à cette hauteur considérable. La promenade est longée à l'ouest par les murs du palais; c'est sur ce point que s'élevait autrefois la galerie où le prince Lucien Grimaldi, en 1523, fut assassiné par son neveu Barthélemy Doria. Là, le prince pacifique par excellence a fait, comme décor, établir des canons qui alternent avec des piles de boulets qui font un très bel effet. Il y a, du côté de la terrasse, seize canons et deux mortiers, tandis que six canons placés sur leurs affûts s'alignent devant le palais. Le prince curieux des choses d'autrefois, tient beaucoup à cette mise en scène et aussi à ces armes, très remarquables du reste.

Ces pièces à feu, toutes anciennes, portent des noms et des inscriptions singulières. Un canon s'appelle : « le Néron », avec cette devise : *Ultima ratio regum*; un autre est qualifié : « Louis-Charles-de-Bourbon », avec cette inscription : *Pluribus nec impar*.

Sur l'esplanade de Sainte-Barbe, sont en outre, braquées dix pièces de canon, dont deux proviennent de Venise et portent sculpté le *lion de Saint-Marc*; un troisième fleurdelysé provient de Strasbourg et porte le nom d'*Auditeur*.

Ces canons ont remplacé ceux qui avaient été donnés aux Grimaldi par Louis XIV qui envoya par une escadre française vingt-quatre canons pour être placés sur les remparts, Napoléon Ier, lui aussi, avait envoyé deux pièces de canon à Monaco, et elles y restèrent en position jusqu'en 1814.

A la Révolution, les canons donnés par le Roi-Soleil disparurent. Ceux offerts par Napoléon furent retirés en 1815. Ce sont les deux derniers princes Charles III et Albert Ier qui se sont procuré ces armes décoratives, qui font figure à Monaco, comme les bouches à feu placées aux Invalides, à Paris.

Nous disons, d'autre part, ce que Charles III fit pour restaurer le palais; nous répétons ici que c'est le prince Albert qui en a terminé les travaux, faisant du château un édifice qui commande sans doute extérieurement l'admiration, mais qui, à l'intérieur, par le luxe de sa décoration et de son ameublement, dépasse tout ce qu'on peut imaginer.

La ville de Monaco, qui part du palais, comprend cinq rues perpendiculaires à la place reliées par des transversales. La rue *des Briques* est la première à droite ; elle est la plus ancienne et la plus célèbre de Monaco ; elle se nommait ainsi parce que le prince Antoine Ier l'avait fait paver en briques (ce qui était fort onéreux alors), pour complaire à sa maîtresse.

Sur la place, entre la rue des Briques et la rue du Tribunal, se trouve la caserne des gardes d'honneur qu'Albert Ier a fait réparer, décorer d'attributs militaires et border d'un trottoir barré de chaînes.

En suivant la rue des Briques et en longeant l'abside de la cathédrale, on apercoit, à l'angle de la ruelle des Fours, une naïve fresque représentant sainte Dévote à genoux devant le château. C'est Albert Ier qui a fait réparer cette curieuse peinture.

On passe ensuite à la petite place, où en un vaste bâtiment sont installées la mairie et la justice de paix.

La mairie, construite sur les ordres du prince Albert par M. Delaforterie, et inaugurée en 1901, est remarquable par ses mosaïques de marbre. La salle des mariages est superbement décorée. On y peut admirer une magnifique copie du portrait d'Albert Ier. par Bonnat, offerte par le prince.

Arrêtons-nous un instant au *Giardinetto*.

Sur le côté droit de la rue règne un long mur percé

de deux portes. Sur l'une d'elles est gravé le chiffre du prince Antoine surmonté de la couronne. C'était là une retraite que le prince, vers 1710, avait édifiée pour une superbe fille qu'il aimait fort. La maison qui cache le jardin est ornée de statues, de peintures et de décorations dans le goût dix-huitième siècle : rien n'est plus élégant, ni plus coquet.

Marie de Lorraine, femme du prince Antoine, sachant l'infidélité de son époux, se fit, elle aussi, installer une retraite à l'extrémité de la rue de Lorraine et l'appela *Mon Désert*. Ce coin délicieux, qui appartient au chevalier de Loth, aurait certainement été détruit si le prince, épris des vieux souvenirs de Monaco, ne s'y était opposé.

La rue *du Milieu* est la grande rue de Monaco. Elle réunit les principaux magasins d'en haut entre autres celui du pharmacien Botta. C'est devant le numéro 23 de cette rue que fut assassiné, le 21 novembre 1604, le prince Hercule Grimaldi qui revenait de chez sa maîtresse, et préférait les femmes à l'océanographie.

Comme il sortait de chez sa belle, accompagné d'un seul serviteur, il fut assailli par cinq hommes embusqués devant la maison du podestat Gastaldi. Il tomba frappé de quarante coups de poignard et son corps fut jeté à la mer, en face de l'église. Cet assassinat fut l'œuvre des agents du duc de Savoie qui voulait s'emparer de Monaco.

Les *bravi* du duc furent largement récompensés : saisis par les Monégasques, ils furent étranglés et jetés à la mer au même endroit d'où ils avaient précipité le prince.

Phot. Nadar-Blanc

S. A. S. LE PRINCE ALBERT Ier DE MONACO

d'après le portrait officiel peint par Spiridon

Continuons notre route marquée par les travaux d'Albert Ier; la rue de Lorraine et la rue du Tribunal nous conduisent au palais de justice. C'est un bâtiment d'une grande simplicité à qui son double escalier extérieur donne un caractère très imposant. Albert Ier l'a fait achever, meubler et entretenir.

La cathédrale, à laquelle nous atteignons par la rue du Milieu, a été construite par Charles III sans doute, mais combien enrichie par le prince actuel qui a donné des magnifiques ornements, des tableaux, etc. Nous voici revenus à la place de la Visitation, dont nous étions partis en venant de la place d'Armes.

Cette place importante comprend : au sud, le collège de la Visitation; au nord, l'école des filles, l'asile et le palais du gouvernement; à l'est, l'ancien Hôtel-Dieu; enfin, à l'ouest, l'imprimerie de Monaco.

Le collège est établi dans l'ancien couvent fondé par Charlotte de Grammont, femme de Louis Ier, qui fut aimée par Louis XIV, et qui en eut un fils. Cette princesse, toute aux remords d'avoir changé le sang des Grimaldi, devint si dévote qu'elle fonda la Visitation. Lorsque l'Italie expulsa les jésuites, Charles III les installa dans ce couvent. Le prince Albert n'a cessé de favoriser ce collège, qui est aujourd'hui, grâce à lui, le plus important établissement d'éducation de la Côte d'Azur depuis qu'on a laïcisé les séminaires de Cannes, de Nice et de Grasse.

L'école des garçons, celle des filles, l'asile, le pensionnat des dames de Saint-Maur, l'orphelinat, enfin tous ces établissements qui entourent la place, s'ils n'ont pas été tous fondés par Albert Ier, ont été aidés, soutenus, encouragés moralement et matériellement, et on y célèbre la générosité, le libéralisme et la bienveillance extrême du prince.

A l'ouest de la place se trouve encore l'imprimerie du journal de Monaco, d'où sont sorties les publications remarquables faites par le prince. Chaque année, on y imprime l'annuaire de Monaco, car la principauté a son Gotha. C'est là qu'ont été publiés les documents historiques relatifs à la principauté par M. Gustave Saige, le célèbre archiviste. Plusieurs volumes de cette importante publication ont paru en 1890-91 et 92 sous les auspices du prince Albert. C'est de cette imprimerie que sortent également les fascicules publiés par le prince sur les résultats de ses travaux relatifs à l'océanographie et à la zoologie marine.

Le journal de Monaco mérite une mention. Son premier numéro fut publié le 30 mai 1858 sous le titre *l'Eden*. Charles Monselet écrivait à son sujet en 1881 :

« Le journal de Monaco est un journal avec lequel il faut compter. Tirant à 800 exemplaires environ, et comptant plus d'envois officieux que d'abonnements réels, a la liste la plus aristocratique et la plus intéressante de lecteurs qui se puisse imaginer, et il est adressé à toutes les têtes couronnées et à toutes les têtes auréolées, aux rois du droit divin et aux princes de la pensée. Écrire dans le journal de Monaco, c'est être assuré d'être lu par le premier public, non seulement de l'Europe, mais encore du monde entier.

« Le texte du journal comprend d'abord la partie officielle où sont publiés les actes du Gouvernement, les traités et conventions avec les puissances, les nominations des fonctionnaires, les visites des souverains et hauts personnages, les événements qui concernent la famille princière. Ainsi, pour le prince actuel, on peut y suivre son histoire depuis la campagne qu'il a faite en 1870 dans la mer Baltique, à bord de la frégate la *Couronne* sous le pavillon français, jusqu'à la série de ses campagnes scientifiques, à bord de l'*Hirondelle* et de la *Princesse-Alice.* » Ce journal, qui en est au deux millième numéro, paraît sur les instructions d'Albert Iᵉʳ et sous sa haute direction ; il est devenu, tout mince qu'il est, infiniment intéressant.

Mais quittons la place de la Visitation et descendons la rue des Ecoles. Nous voici aux jardins Saint-Martin, où est situé le musée océanographique.

Comme le prince est le créateur de la science océanographique, qu'il s'est spécialisé dans cette étude, nous lui avons consacré sur ce point plusieurs chapitres.

Ici, nous ne parlerons donc que des jardins qui sont, comme le *museum* lui-même, exécutés sur les plans d'Albert Iᵉʳ.

Ces magnifiques jardins occupent toute la partie Est de Monaco, et s'étendent en terrasses suspendues sur les falaises. Dans ce délicieux endroit persiste en toutes saisons la flore africaine la plus variée, et parmi les pins et les caroubiers, s'épanouit la végétation luxuriante des tamaris, des lentisques et des lauriers roses.

Voilà le cadre merveilleux où Albert Iᵉʳ a placé ce museum, auquel il a voué plusieurs années de sa vie et qui était devenu sa préoccupation la plus constante.

Nous ne trouverions rien autour des remparts que nous pussions attribuer à Albert Ier. Descendons donc jusqu'au port depuis si longtemps l'objet des soins assidus du prince.

Albert Ier a fait effectuer, en effet, des travaux immenses pour utiliser le port tout entier, en le protégeant contre les vents qui le menacent du côté compris entre le sud et l'est-nord-est.

Le 20 mai 1901, le prince accepta le projet de M. Batard-Rozelière, directeur du service maritime de Marseille ; il mit aussitôt les travaux en adjudication, et depuis lors il n'a cessé de harceler l'entrepreneur qui a jeté à l'entrée de la baie, par une profondeur de 39 mètres, des pierres qui doivent former une colline dont la base avait 200 mètres de largeur. C'est sur cette pyramide que sera disposée la jetée du Sud.

L'ensemble des travaux projetés, nous dit M. Philippe Casimir (1) comprend :

1° Une jetée de 170 mètres de longueur, dite jetée du Sud, partant de la pointe Antoine et se dirigeant vers le nord-quart-nord-ouest.

2° Une deuxième jetée de même longueur, dite jetée Nord, enracinée à la côte de Monte-Carlo, et tracée dans le prolongement de la précédente. La passe comprise entre les musoirs des deux jetées a une longueur de 100 mètres au niveau de l'eau et 80 mètres de profon-

(1) Philippe Casimir, *Monaco, Monte-Carlo et les environs.* Berger-Levrault, Paris.

deur; un phare est prévu sur chacun des deux musoirs.

3° Un quai de 395 mètres de longueur et de 30 mètres de largeur établi dans l'angle nord-ouest de la baie, suivant une direction perpendiculaire à celle des jetées, et bordé d'un mur vertical fondé à 6 mètres de profondeur au-dessous du niveau de l'eau : c'est le quai de Monte-Carlo.

4° Un môle de 116 mètres de longueur et de 30 mètres de largeur rattaché à l'axe de la côte de Monte-Carlo, et dont l'axe est parallèle à la direction des jetées, le môle étant bordé le long de ses côtés ouest et sud d'un mur vertical fondé à la même profondeur que le mur du précédent quai.

6° Un brise-lames constitué par un talus à pente douce, formé par un enrochement naturel établi le long du côté-est du môle et au pied du rocher de Monte-Carlo entre l'enracinement du môle et celui de la jetée nord sur 170 mètres de longueur.

Cet ensemble de travaux est évalué à 8 millions.

La longueur totale du port entre l'entrée et la plage de la Condamine sera de 470 mètres, la largeur de 420 mètres. C'est du côté de Monte-Carlo que se placeront les bâtiments de plaisance ; au contraire, les navires de commerce se tiendront du côté de Monaco.

Depuis 1901, le prince Albert a donné toute son activité à ces travaux, et chaque fois qu'il est venu dans la principauté, il est demeuré de longues heures avec les ingénieurs et les ouvriers, voulant se rendre compte par lui-même de tout ce qui avait été fait. A Paris, en voyage, M. Jaloustre, le chef de cabinet d'Albert Ier, est chargé de correspondre constamment avec les entrepreneurs et les directeurs des travaux, afin de pouvoir renseigner le prince jour par jour sur la marche et les progrès de cette forte entreprise.

La Condamine, elle aussi, s'est transformée depuis l'avènement d'Albert : les allées sont devenues des rues et les maisons et les villas sont sorties de terre, avec une rapidité étonnante. C'est une nouvelle ville très populeuse, très commerçante, où l'on trouve tout ce qui est nécessaire à la vie élégante.

C'est là que sont établis les bains, et les nouveaux thermes, construits sur les conseils du prince, sont organisés avec un luxe extrême. Ils occupent une superficie de 2.800, mètres et renferment tous les appareils, tous les systèmes perfectionnés en usage dans les grandes stations balnéaires.

A la Condamine, on donne des bains d'eau douce, des bains de boue, des bains sulfureux, aromatiques. L'hydrothérapie, si pratiquée aujourd'hui, y est installée supérieurement, les bains de vapeur, la salle d'électrothérapie, celle de transfusion hypodermique qui permet d'infuser le sérum et les solutions antiseptiques, enfin une vaste piscine à eau courante pour la natation permet l'hiver, comme l'été, de prendre des bains dans des conditions qu'on ne trouve pas ailleurs.

A la limite de la Condamine et au moment où commence l'avenue de Monte-Carlo, se trouve Sainte-Dévote, dont nous devons parler d'abord, parce que la légende en est poétique, ensuite parce que le prince Albert a contribué largement à l'entretien et à la décoration de son église, lieu de pèlerinage populaire cher aux Monégasques.

Sur une vaste entaille entre deux rochers par laquelle s'échappe un torrent et sous le viaduc même du chemin de fer, une charmante chapelle blanche se cache modestement. Elle est simple et jolie au possible, et c'est à Charles III qu'elle doit surtout sa réédification. Mais Albert Ier en a fait achever tout l'intérieur, et le blason des Grimaldi qui orne le maître-autel l'atteste à tous.

Disons maintenant quelques mots de la patronne de Monaco.

Sous Dioclétien, un proconsul fut envoyé en Corse pour y persécuter les chrétiens. Une fille de la montagne, nommée Dévote, traquée par les légionnaires, leur échappa et se réfugia chez le sénateur romain Euticus, païen docte et sage.

Dévote convertit Euticus, et le proconsul averti ordonna au sénateur de tuer la jeune fille. Celui-ci s'y étant refusé, le proconsul le fit empoisonner et l'on s'empara alors de Dévote. Elle parut devant le tribunal; on lui ordonna de sacrifier aux dieux; elle s'y refusa, et on la livra au supplice.

Le proconsul lui fit casser les dents avec des pierres, on lui brisa les membres puis on traîna son corps déchiré sur des rocs aigus. Et la vierge, sans un cri, bénit Dieu et accusa le proconsul d'avoir assassiné Euticus.

Alors irrité, le Romain la fit attacher à un cheval sauvage lancé à travers les rochers, et elle mourut dans les plus affreux tourments.

La nuit même du forfait, deux ermites chrétiens furent visités par un ange qui leur donna l'ordre de transporter le corps hors de l'île, pour lui donner une sépulture digne de la sainte.

Aidés d'un matelot nommé Gratien, ils couvrirent le corps d'aromates et le plaçant dans une barque, ils firent voile vers l'Afrique. Les vents se montrèrent contraires, et, la mer si menaçante que les ermites demandèrent le secours du ciel pendant que le matelot, harassé et désespéré, succombait au sommeil.

Alors l'âme de la vierge apparut : « Rassurez-vous, dit-elle, la mer va s'apaiser ; veillez tous, et lorsqu'une colombe s'échappera de ma bouche, suivez-la, et là où elle s'arrêtera, ensevelissez mon corps. »

Comme on approchait de la terre, les trois hommes virent, en effet, sortir de la bouche de la sainte une petite colombe qui s'élança vers le ciel, puis se dirigea vers Monaco et la vallée étroite que nous connaissons.

Le matelot Gratien et les ermites y ensevelirent la martyre dont les miracles ne se comptent plus, affirment les Monégasques.

De Sainte-Dévote part le boulevard de Monte-Carlo qui borde l'est du port de Monaco. Rien n'est plus délicieux, le soir, que cette côte illuminée comme les Champs-Elysées ; le port est lui-même éclairé par des guirlandes de feu, et les voitures qui mènent à grande allure à la maison de jeu les femmes élégantes, en toilettes claires, donnent une vie intense à ce coin délicieux.

A mi-chemin de la côte, se trouve la poste que le prince Albert a fait construire et qui est placée et organisée le mieux du monde pour satisfaire aux exigences d'un monde fiévreux et pressé.

Nous avons dit déjà combien merveilleux étaient les jardins anglais de Monte-Carlo, avec leurs pelouses veloutées et leurs corbeilles de fleurs odorantes. Les végétaux les plus rares, les fleurs les plus exotiques y sont élevés à grands frais par un directeur des jardins, M. Jules van der Daël, qui commande avec une rare science à une armée de jardiniers et de savants botanistes.

C'est sur le devis du prince et surtout de la princesse Alice qui adorait les fleurs, que la maison de jeu et la municipalité ont contribué, par des sommes énormes, à la réfection de ces jardins inimitables.

C'est encore sur les conseils du prince que les deux grandes terrasses, du côté de la mer, ont été pourvues de cette élégante balustrade de marbre, ornée de quadruples candélabres de bronze, qui fait un si joli effet. Pour gagner la terrasse inférieure qui n'a pas moins de 300 mètres de longueur, on descend un large escalier de marbre. Ces deux superbes terrasses surplombent la mer et sont l'endroit de prédilection de la société élégante qui vient chercher, dans un climat exquis, le repos et le bien-être.

On doit encore à Albert Ier l'organisation du tir aux pigeons sur le modèle de ceux du Bois de Boulogne et de Trouville.

Le tir aux pigeons date, à vrai dire, de 1872 et, dès ses débuts, il fut fréquenté par les meilleurs fusils.

Mais les bâtiments actuels avec toutes leurs commodités datent de 1896, et ont été élevés sur les conseils du prince Albert, un chasseur et un tireur tout à fait remarquables.

Les gagnants du grand prix de 20.000 francs ont leur nom gravé sur une plaque de marbre scellée au mur, et c'est là une gloire fort recherchée par les Américains, les Suisses et les Italiens.

Les riches étrangers qui hivernent à Monaco sont généralement passionnés pour toutes les manifestations artistiques. Nous avons dit ce que le prince et la princesse Alice avaient fait pour le théâtre avec l'aide de M. Gunsbourg; ils ont fait beaucoup aussi pour l'orchestre de Monte-Carlo, qui est le premier du monde. Enfin, le prince Albert a fait édifier un palais des beaux-arts où, chaque année, un salon de peinture et de sculpture attire l'élite de la côte d'azur.

Ce palais, d'une forme grecque et d'une grande élégance, s'élève sur la place du Casino, au nord du grand hôtel de Paris. La première exposition eut lieu en 1892, et obtint un immense succès. Depuis, grâce à la sollicitude du prince, les envois des artistes deviennent de plus en plus nombreux, et l'ouverture du salon est un événement artistique très important.

A Monte-Carlo supérieur et du côté de la Turbie, on a effectué aussi de grands travaux depuis l'avènement du prince.

La compagnie internationale des wagons-lits, sur l'inspiration du prince, a créé le *Riviera Palace*, un des spécimens les plus parfaits de l'hôtel moderne.

Ce merveilleux caravansérail est desservi par un chemin de fer électrique établi spécialement pour lui. Grâce encore à Albert Ier, le village si séduisant de la Turbie, perché si curieusement sur le rocher qui domine Monte-Carlo, a été relié à la principauté par un chemin de fer à crémaillère qui vous fait accomplir en quelques minutes une ascension qui demandait autrefois une journée. Cette ligne fut inaugurée le 10 février 1894 au milieu des cris de : Vive Albert Ier. Au plateau de la Turbie, on a installé un Righi d'hiver avec un excellent restaurant où la vue embrasse, comme à la Réserve de Marseille ou au Righi de Gênes, une étendue immense.

Il faudrait un volume entier pour montrer dans leurs détails les travaux matériels accomplis chaque année par le prince pour parachever l'œuvre de son père, mais il ne faut pas oublier ses œuvres propres comme la création du musée d'anthropologie préhistorique, celle du nouvel hôpital et celle encore de l'Institut international de la paix qui témoignent mieux son amour de la science et de l'humanité.

Le musée d'anthropologie a été fondé en 1902 par le prince Albert pour la conservation des squelettes préhistoriques exhumés au cours des fouilles qu'il a fait pratiquer dans les grottes de Grimaldi (Baousse-Roussé).

Les cavernes naturelles qui s'ouvrent au pied d'une falaise calcaire, dominée par la ruine de la tour féodale élevée en 1351 par Charles Grimaldi, seigneur de Monaco, Menton et Vintimille, ont été fréquentées par l'homme durant les temps quaternaires.

Le prince Florestan semble avoir, le premier, soupçonné la valeur inappréciable des trésors archéologiques enfouis dans ce gisement. Vers 1847, il fit fouiller l'une des cavernes et envoya à Paris plusieurs caisses d'objets préhistoriques qui y avaient été récoltés.

Depuis lors, les grottes ont été soumises à une série d'exploitations presque ininterrompues.

En 1882, et pendant une partie de 1883, le prince Albert se consacra personnellement aux fouilles. Il songea même à acheter toute la station quaternaire pour en soustraire les dépôts aux déprédations dont ils étaient menacés. Puis apprenant qu'une des cavernes était demeurée intacte, il voulut qu'on y fît l'application d'une méthode d'excavation dont l'expérience pratique qu'il avait acquise lui avait fait constater les résultats fructueux pour la science.

C'est sous cette direction qu'ont été laborieusement récoltées, pendant sept années consécutives, les collections de fossiles qui sont exposées dans le musée d'anthropologie de Monaco. Elles proviennent de quatre grottes dont les remplissages ne contenaient pas moins de quarante lits de cendres ou foyers, alternant avec des couches d'argile caillouteuse descendues des terrains supérieurs avec les ruissellements de la montagne. Celles-ci attestent des phases d'abandon des cavernes pendant la saison des grandes pluies. La superposition de ces niveaux, commençant à la période crétacée pour s'élever, dans un ordre rigoureux, jusqu'aux confins de l'ère moderne, figure, presque feuillet par feuillet, la série des événements qui se sont succédé sur cette portion du territoire à une époque sans annales.

Les traces de séjour de l'homme sont nettement délimitées par les foyers sur lesquels ont été recueillis les restes des animaux rapportés par les chasseurs pour servir à l'alimentation de leurs familles et les armes et outils de pierre dure, qu'ils façonnaient pour leur usage à la chasse, pour les besoins de la vie domestique. La faune est presque exclusivement constituée par des espèces animales qui ont complètement disparu, ou qui n'existent plus dans la région : rhinocéros, éléphants, hippopotames, chevaux et cerfs élaphes, daims et rennes, bouquetins à grandes cornes et antilopes. Les bisons, les bœufs y tiennent une grande place à côté de l'ours des cavernes, du chat des cavernes, plus grand que le lion, du léopard, du lynx, du chat sauvage et des fouisseurs tels que : l'hyène tachetée, le loup et le renard. L'homme y est représenté par deux types ethniques absolument différents.

Le plus ancien est le négroïde de petite taille que, jusqu'ici, on n'avait pas rencontré dans les grottes et le plus récent, déjà connu sous le nom de type de Cro-Magnon, est remarquable par sa robustesse et sa haute stature.

On peut voir dans les vitrines tous les outils : pointes, racloirs, disques, grattoirs de grès, de silex, de jaspe et de chalcédoine, ainsi que les stylets en os, qui ont été fabriqués par eux.

Dans une autre salle ont été classés les restes de trente-huit squelettes de l'époque néolithique ou de la pierre polie, jadis ensevelis dans les ossuaires sous roche de la principauté de Monaco. La population était primitivement brachycéphale (à tête ronde), mais ce type originaire ne tarda pas à être altéré par le mélange avec un élément grand et dolichocéphale (à tête longue) étranger à la tribu. Ces gens façonnaient la poterie en terre cuite, pratiquaient sans doute la domestication des animaux et élevaient plusieurs variétés de chiens dont on a retrouvé les restes dans les sépultures. La période suivante, qui s'étend jusqu'à l'occupation du pays par les Romains, n'est encore représentée que par quelques objets trouvés dans les fortifications préhistoriques de la montagne de Monaco, principalement des vases et des monnaies, attestant les relations commerciales des indigènes avec les Étrusques et les Carthaginois.

Le plus ancien témoignage de l'invasion romaine est un fragment de frise dorique avec deux attributs de sacrifice en métopes, détaché du trophée d'Auguste à la Turbie, ainsi que quelques débris de draperies en marbre.

On a réuni dans la même salle plusieurs monuments épigraphiques provenant de la région, les sépultures, ossements, monnaies et mobilier funéraires extraits des cimetières des quatre premiers siècles à la Condamine et à Monte-Carlo, enfin le trésor de Monaco, comprenant neuf médailles, un bandeau, un buste, trois bracelets armilles en or, deux bracelets et six plaques de collier en jais.

L'exposition des collections ethnographiques bolivienne et chilienne, offertes par M. Sénéchal de la

Grange, constituent une section spéciale. Au musée sont annexés des laboratoires de préparation, de moulage et de montage, un cabinet photographique, une bibliothèque scientifique et une salle d'étude.

Depuis l'année 1902, la principauté possède un nouvel hôpital, considéré à juste titre comme le plus parfait des établissements modernes. Cette œuvre est avec le musée océanographique l'œuvre maîtresse d'Albert.

Le prince nomma une commission de savants médecins, présidée par le docteur Collignois, et les chargea de visiter tous les grands hôpitaux de l'Europe : « Je désire, dit-il, que vous me fassiez pour Monaco le plus parfait hôpital de l'Europe ». Le désir s'est réalisé.

L'hôpital est en dehors de la ville, presque à la limite de la principauté, au-dessus de la route de Nice.

Protégé du froid par la montagne, il a vue en avant, au midi, sur la mer et est admirablement exposé.

Les plans de l'hôpital sont dus à M. Delaforterie, l'architecte du musée océanographique, qui a dû les soumettre à diverses reprises à l'approbation éclairée du prince; tous les services sont compris dans une seule enceinte.

Le principe qui a présidé à la construction de l'établissement est celui de la création de pavillons isolés, seule disposition permettant d'appliquer rigoureusement les règles de l'hygiène.

Le plan général de l'établissement mérite d'être mis en lumière.

1° Au centre, le bâtiment d'administration contenant les parloirs, l'économat, les cabinets des médecins, la pharmacie, la chapelle, le logement des sœurs.

2° De chaque côté de ce corps de logis, deux pavillons de malades, soit quatre séparés les uns des autres par des jardins.

Ils sont reliés par une longue galerie.

3° Aux deux bouts de la longue galerie on voit, à droite, la maternité, à gauche, la villa Prince-Albert, maison de santé.

4° Enfin, loin de l'hôpital, un baraquement pour les maladies contagieuses et les services annexes, désinfection, etc.

Dans chaque pavillon tout a été combiné pour satisfaire aux exigences et de l'hygiène, de l'antisepsie les plus parfaites. Rien n'a été épargné pour que tout fût établi suivant les règles du plus récent perfectionnement. L'installation chirurgicale fait l'admiration de tous les docteurs.

L'hôpital ne possède pas seulement des locaux parfaits et un matériel de premier ordre, il a, en outre, des laboratoires où peuvent se faire toutes les recherches réclamées par le comité d'hygiène pour l'analyse du lait, du vin, etc. En résumé, c'est une merveille !

L'Institut international de la Paix, fondé par S. A. S. le prince Albert Ier, le 20 février 1903, et inauguré par lui, le 25 du même mois, a pour objet la publication de travaux documentaires concernant le droit international, la solution des différends internationaux, la statistique des guerres et des armements, le développement des instructions internationales, la pro-

Phot. G. J.

MONACO. — LE PALAIS DU PRINCE

Phot. G. J.

MONTE-CARLO. — LE PALAIS DU JEU

pagande et l'enseignement pacifiques, l'histoire et la bibliographie de ces questions.

Les documents, ouvrages et objets de toute nature que l'Institut réunit et conserve à cet effet constituent le *musée-bibliothèque de la Paix*.

L'Institut compte, au maximum, dix membres monégasques résidant à Monaco, et quarante-cinq membres étrangers, tous élus par les membres présents à Monaco; toutefois, comme il est placé sous le haut patronage du prince, les élections ne sont valables qu'après avoir reçu l'approbation souveraine.

L'ordonnance qui a constitué l'Institut l'ayant déclaré établissement d'utilité publique, il a qualité pour recevoir tous dons, legs ou subventions, et il est à souhaiter qu'il se trouve le plus possible de personnes pour contribuer au développement d'une œuvre aussi intéressante.

L'Institut est installé au débouché des jardins Saint-Martin sur la ville de Monaco, dans la chapelle de l'ancien Hôtel-Dieu, très simplement aménagée en vue de sa nouvelle destination. Grâce à cette situation, il se trouve sur le passage de nombreux touristes qui viennent visiter la vieille cité, et dont il ne peut manquer d'attirer l'attention.

Notons, à ce propos, que pendant la saison d'hiver, il est ouvert au public tous les jours non fériés, de 2 à 4 heures.

Les proportions du local sont modestes, mais elles suffisent à une institution naissante et dont il est encore impossible de prévoir le développement futur. Cette installation n'est, d'ailleurs, que provisoire, car les vieilles constructions de l'ancien Hôtel-Dieu, aujourd'hui abandonnées, devront être démolies tôt ou tard, pour permettre l'érection de bâtiments dignes de ce vaste emplacement, le plus admirablement situé de la principauté.

Les reproductions d'œuvres d'art, les graphiques et les livres qui composent actuellement le musée-bibliothèque proviennent principalement de l'exposition que le Bureau international de la Paix avait chargé M. Gaston Moch d'organiser en 1900 au Palais de l'économie sociale de l'Exposition universelle de Paris et qui fut récompensée d'un grand prix. Suivant toute vraisemblance, ce premier fonds s'accroîtra rapidement sans trop grever le budget de l'Institut, qui devra surtout être consacré à des publications. Des graphiques pourront être établis à la faveur des travaux entrepris par l'Institut; des livres seront demandés à leurs auteurs; enfin les militants de la cause pacifique tiendront à honneur de procurer des instruments de travail à un établissement appelé à les aider puissamment. Aussi peut-on espérer que bientôt se réalisera la prédiction du prince Albert : l'Institut international de la Paix, ayant pris tout le développement désiré par son fondateur, devra être logé dans un édifice plus digne de la grande idée qu'il a mission de propager.

Et maintenant sachons nous borner : nous en avons assez dit pour faire connaître le souverain de Monaco dans sa sollicitude pour ses sujets. Exposons rapidement comment il a su choisir un personnel d'élite pour diriger administrativement, judiciairement, religieusement et militairement, sa toute petite principauté.

Cet État minuscule est outillé administrativement comme une grande monarchie. Sans doute, Charles III avait réorganisé Monaco sur le mode français, mais tout était à l'état d'essai et, depuis Albert, tout fonctionne avec un ordre parfait. Tous les services sont occupés par des spécialistes, le plus souvent choisis parmi des fonctionnaires français que le prince a eu l'occasion d'apprécier pendant ses longs séjours chez nous, et qu'il s'est attachés à prix d'or.

Il est d'usage depuis Charles III que les gouverneurs soient pris dans notre personnel administratif : c'est une sorte de gage de loyalisme vis-à-vis de l'État français et le prince Albert ne s'y déroba point. C'est ainsi qu'après MM. de Sainte-Suzanne et de Farincourt, tous deux anciens préfets, ce fut M. Edmond Roger, préfet de Nantes, bien connu par son anticléricalisme, qui devint gouverneur général.

Je me hâte de dire que le nouveau gouverneur de Monaco, en habile homme, en Gascon avisé, après avoir laïcisé trois ou quatre de nos départements, et s'être séparé de sa femme, parce qu'elle faisait élever sa fille par les religieuses, est maintenant président du conseil de fabrique de Monaco et veille soigneusement sur les intérêts des congréganistes des deux sexes qui donnent l'instruction dans la principauté.

Attendons-nous à voir ce démocrate et ce libre-penseur baronnisé ou comtifié avant peu.

Le Gouvernement est installé, comme nous l'avons

dit, dans un grand immeuble de la place de la Visitation, et il est organisé à l'instar d'une de nos grandes préfectures. M. Roger, très intelligent et fort entendu en administration, est secondé dans sa tâche par le comte Henri de Maleville, un Français d'une éducation parfaite, d'un abord facile et d'une politesse traditionnelle dans sa maison.

Le prince a organisé un conseil d'État chargé de lui fournir des rapports circonstanciés sur toutes les affaires importantes de la principauté, et Albert Ier, bien que monarque absolu, se détermine toujours, selon la majorité du conseil, dans toutes les questions délicates.

Ce conseil est composé, outre le gouverneur président, du baron de Rolland, de MM. Emile Berniche, Charles de Monicault (1), comte de Malleville et Merveilleux Duvignaux, tous connus par leur science juridique, leur conservatisme, et leur respect des croyances religieuses.

La Justice comprend un conseil de revision, sorte de cour d'appel et de cassation, présidée par M. Joseph Benoît, un jurisconsulte distingué et composée de MM. Jules Hardouin et Georges de Boulloche, tous deux conseillers de grande valeur.

Le Tribunal est présidé par le baron de Rolland et M. d'Alverny, vice-président, avec MM. Picot-Labeaume comme juge d'instruction, Maurel et Savau comme juges. Tous proviennent de nos tribunaux et comme MM. Alain, avocat général, et de Villeneuve,

(1) M. Charles de Monicault a été remplacé par M. Alain, avocat général à Poitiers, au moment du procès Gold.

substitut, sont des magistrats d'une très haute valeur.

A vrai dire, la justice chôme le plus souvent à Monaco, et le crime de la femme coupée en morceaux révolutionne la magistrature monégasque, qui va enfin pouvoir donner la mesure de ce qu'elle vaut.

C'est le prince lui-même qui a exprimé au pape le désir d'avoir comme évêque de Monaco Mgr du Curel. Et jamais choix n'a été plus heureux; le digne prélat sait, en effet, faire oublier sa situation si délicate et si difficile de représentant du Saint-Siège dans ce singulier évêché par une bonté, une charité, une simplicité et une humilité toutes chrétiennes.

Son vicaire général, Mgr Guillote, protonotaire apostolique, d'une extrême habileté, est infiniment populaire dans toute la principauté.

Le clergé, du reste, est parfait. Les trois curés Mgr Pierre Mercier, curé de la cathédrale, l'abbé Louis Pichot, de Sainte-Dévote et l'abbé Accica, de Saint-Charles, ont su, tous les trois, se faire apprécier par la population cosmopolite et sont fort aimés.

Le R. P. Forgeob, recteur de la Compagnie de Jésus, le R. P. Badino, supérieur de l'école apostolique, le R. P. Ausenda, recteur des élèves de la Mère-de-Dieu, le R. P. Victorin, gardien des franciscains, s'entendent au mieux avec le prince, et M. Roger qui s'efforce vraiment de faire oublier son anticléricalisme d'antan.

Je n'en finirais pas, du reste, si je voulais énumérer les couvents de la principauté qui ont donné asile à nos sœurs persécutées, avec l'assentiment des autorités. Je ne puis passer sous silence le zèle éclairé de Mme Saint-Justinien, supérieure des dames de Saint-

Maur, dont le couvent est devenu le refuge des jeunes filles du monde qui ne peuvent plus recevoir chez nous l'enseignement congréganiste. Je dois aussi célébrer la sœur Marie Arnault, supérieure des garde-malades, qui nous fait regretter, ô combien ! de voir nos hôpitaux aux mains de mercenaires, qui le plus souvent lèvent le coude et la jambe aussi.

Personnellement, enfin, je tiens à rendre hommage à la sœur du Chaffault, supérieure de l'orphelinat, une bonne Française, une grande dame qui se donne à l'éducation des humbles avec le dévouement habituel des siens pour le peuple. Il faudrait pouvoir les nommer toutes, ces admirables femmes : la sœur Marie Tanius, supérieure de l'hôpital, la sœur Sainte-Paule, supérieure des sœurs du Rosaire, la sœur Saint-Dominique, supérieure des dominicaines, la sœur Anne-Joseph, supérieure des filles de la Sagesse. Ces anges de bonté, de charité et de dévouement, ont appris chez nous à soigner les infortunés, et elles font bénéficier les Monégasques de leur expérience et de leur charité, sous la souveraineté éclairée d'un prince, qui se montre utilement clérical à Monaco, quand, à Paris, il sert une politique nettement dirigée contre le catholicisme.

La force publique n'est certainement pas très imposante : 75 gardes d'honneur et 50 carabiniers ; elle suffit à assurer l'ordre dans la principauté et le service du château. Elle est loin d'être ridicule, commandée qu'elle est par le colonel Le Moël, un brave soldat français qui a fait toutes les campagnes coloniales et qui a été remarqué au Tonkin et au Dahomey. Les carabiniers sont superbes, et si vous pouviez visiter les casernes, vous seriez émerveillés de leur ordre parfait, ainsi que de l'excellente tenue des hommes qui sont de haute taille et habillés luxueusement. Le colonel Le Moël est assisté d'un capitaine, M. Emile de Capella, et de deux lieutenants, MM. Paul Messagier et Laurendeau de Juniac, qui sont d'excellents militaires.

Le prince a également organisé une compagnie de sapeurs-pompiers, pourvue des pompes du dernier modèle. Tous les postes des carabiniers et des pompiers sont reliés télégraphiquement entre eux ; il en est de même des postes de police.

La sûreté publique est aux mains du Gouvernement français, ou du moins, elle est placée à l'hôtel du Gouvernement sous la direction immédiate du gouverneur général, et dirigée uniquement par des agents français qui restent en contact immédiat avec la sûreté générale française.

Le directeur de la police, le trop fameux agent Tomps, a pour commissaire central M. Henri Courdavain et trois commissaires choisis parmi les plus fins limiers de la police française. Quant au commandant Forzinetti, le dreyfusard, casé là-bas, il est exclusivement au service de la Société des bains de mer et commissaire de surveillance du chemin de fer. A ce titre, il est toujours agent du Gouvernement français, et il touche ainsi de tous côtés. Monsieur Clemenceau lui devait bien cela.

Au reste, beaucoup d'autres fonctionnaires, ceux des postes et des chemins de fer, sont des agents français détachés dans la principauté, et qui comptent toujours dans leur administration. Il faudrait sans doute parler de bien d'autres services que le prince a organisés avec une admirable entente des intérêts de Monaco, mais il faut savoir se modérer, et je m'aperçois que je n'ai rien dit encore du corps diplomatique monégasque, pourtant si important. La principauté a des ambassadeurs accrédités auprès des plus grandes puissances et, parmi eux, des diplomates d'une très grande habileté qui sont fort appréciés dans les chancelleries. C'est ainsi qu'à Paris, le le comte Balny d'Avricourt a une très haute situation mondaine et politique, et que M. Dugué de Mac Carthy, au Quirinal, et le comte de Wagner, au Vatican, sont tenus à Rome pour des hommes d'une grande valeur. Le corps consulaire est très important ; il n'existe pas une capitale ou une grande cité où la principauté de Monaco n'ait un agent.

Je crois avoir montré surabondamment que le prince Albert n'est pas seulement un savant, un marin et un diplomate remarquables, mais un administrateur de premier ordre, qui sait faire un merveilleux usage de son argent. Nous avons un Gouvernement qui dilapide trop cyniquement la fortune nationale et l'argent du pari mutuel pour ne pas envier un pareil souverain, et j'avoue, pour ma part, que je préférerais être le sujet d'Albert Ier que le citoyen libre, ô combien ! du Gouvernement de M. Clemenceau.

CHAPITRE VII

Le cercle des étrangers. — Le casino.

Aspect extérieur de l'établissement. — *L'atrium*. — Les salles de jeu. — La roulette. — Comment on y joue. Le trente et quarante et la manière de s'en servir. — Les systémiers. — Opinion de Napoléon, de d'Alembert et de François Blanc sur les systèmes. — Un Anglais qui fait fortune. — La montante Blanc. — Les fétichistes. — Une dame qui préfère les croupiers blonds. — Ceux qui gagnent à coup sûr. — Un spirituel article de M. Gaston Leroux paru dans le journal *le Matin*.

Nous voici sur la place du Casino, et nous tournons le dos au merveilleux parterre fleuri qui embaume l'air que nous respirons.

Sur notre droite, nous avons l'hôtel de Paris, le palais des beaux-arts ; à gauche, les jardins et le café de Paris ; devant nous, se dresse le cercle des étrangers, c'est-à-dire la maison de jeu.

Cette façade nord du casino comprend quatre parties, si différentes d'aspect qu'elles ne peuvent s'expliquer que par les besoins d'agrandissements successifs.

Le premier édifice, à l'ouest, le plus ancien, comprend l'entrée principale du casino qui s'ouvre largement entre deux tours. Ces tours, coiffées de dômes en briques polycromes, sont sillonnées d'une frise en mosaïque et comportent, dans une niche à droite, une statue représentant la Seine, et, à gauche, une autre statue représentant la Méditerranée avec un dauphin.

C'est le sculpteur Stecchi qui a créé ces deux superbes œuvres. Au-dessus, sur chaque tour une horloge indique l'heure du pays et l'heure de Paris.

Le bâtiment tout entier est formé par trois vastes salles, l'une construite par Charles Garnier en 1881 et qui est contenue dans le pavillon central ; le pavillon de la salle Schmidt, à droite de celui-ci et à gauche, celui de la salle Touzet dont les façades joliment ornementées donnent beaucoup de noblesse et d'élégance à l'ensemble de ces constructions.

L'entrée du casino est somptueuse : un monumental perron en marbre, abrité par une vaste marquise et garni d'épais tapis, y donne accès, et permet aux élégants visiteurs de quitter leur automobile ou leur voiture sans craindre une goutte d'eau pour leur coiffure, un peu de poussière pour leurs chaussures.

L'escalier de quelques marches mène par trois vastes portes tenant toute la façade au péristyle d'où l'on se dirige, à droite, vers le vestiaire, à gauche, vers le bureau où l'on délivre les cartes d'entrée.

Après avoir franchi le péristyle, on trouve deux

grands escaliers : celui de droite conduit aux bureaux de la direction, celui de gauche, muni d'un chemin roulant, nous porte aux salons de lecture abondamment fournis de tous les journaux du monde.

Puis on parvient à l'*atrium* qui est un vaste parallélogramme entouré de vingt-huit colonnes ioniques supportant une balustrade ornée de vases de bronze. Cette salle dallée de marbres polychromes sert de fumoir et de promenoir aux joueurs d'abord et ensuite aux habitués du théâtre qui y passent les entr'actes.

Le peintre Yandt a décoré l'*atrium* de deux superbes fresques qui garnissent les deux côtés longs. Celle de gauche raconte la cueillette des olives au cap Martin, celle de droite représente la pêche à Monaco, avec des effets de lumière tout à fait réussis. L'*atrium* se termine, à droite, par une sorte de rotonde vitrée où est établi un bar ; là des sandwich et des vins d'Espagne apportent quelque réconfort aux estomacs troublés par les émotions du jeu.

Les portes du fond, près du bar, s'ouvrent sur la salle de spectacle, et les trois portes du petit côté gauche faisant face au bar conduisent aux salons de jeu qui sont au nombre de cinq.

Quand on a présenté sa carte à des valets en grande livrée qui veillent à l'entrée du cercle, on pénètre dans la première salle, dite de la *Renaissance*. C'est la plus ancienne. Elle ne contient point de tableaux ni de sculptures, mais tout un ensemble décoratif de style renaissance, comme l'indique son nom.

La deuxième salle était autrefois de style mauresque, mais l'architecte Henri Schmidt l'a transformée en 1898 de si heureuse façon que le nom de salle Schmidt lui est resté. « Huit colonnes, nous dit M. Philippe Casimir, et seize pilastres en onyx supportent la décoration qui est de style Louis XV, et où domine le ton gris violacé pâle. Dans les tympans, entre les grands arcs des colonnes, sont représentés en hauts-reliefs, d'un côté, *la Terre et le Feu*, par Raoul Lariche, de l'autre, *l'Air et l'Eau*, par Lucien Pallés ; en outre, le dessus des fenêtres est orné de huit grands et de huit petits panneaux.

Les huit grands panneaux sont 1° *le Printemps* ; 2° *l'Automne*, par M. Richard ; 3° *l'Été* (promenade en mer) ; 4° *l'Hiver* (récolte des oranges), par M. P. Steck ; 5° *l'Ascension sur les Alpes* ; 6° *Promenade aux bords de la mer*, par M. F.-H. Luca ; 7° *Bataille de fleurs* ; 8° *Sur les terrasses*, par M. Ribera.

Cette superbe salle est éclairée, outre les fenêtres, par un œil circulaire vitré décoré, de 11 mètres de diamètre, au plafond.

La troisième salle édifiée, en 1881 par le grand architecte Garnier, est merveilleusement lambrissée d'or. A chaque angle de la pièce, sont deux tableaux soit huit peintures d'un charme très grand où les personnages sont tous des femmes d'une beauté singulière.

C'est *la Pêche et l'Escrime*, par Boulanger ; *le Croket et l'Équitation*, par Clairin ; *la Chasse et l'Alpinisme* par Saintin, et *le Sport nautique*, par Lenepveu. Chacun de ces tableaux est populaire aujourd'hui, les cartes postales et les chromolithographies les ont vulgarisés sans les déprécier.

Le dernier bâtiment comprend deux vastes salons

dont la construction remonte à dix ans et est due à l'architecte Touzet. Ces salons sont richement décorés de peintures de Monjinot et de Tony Faivre et de six toiles signées Hadebert.

Dans le salon de gauche, les trois tableaux représentent 1° *la Folie* ; 2° *la Fortune*, ces deux placés aux angles. Le troisième, un grand panneau, montre un groupe de trois jeunes femmes jouant avec des cygnes. Dans le salon de droite sont placés symétriquement ; 1° *le Matin*, représenté par une jeune femme cueillant des fleurs ; 2° *le Soir*, par une jeune femme tenant à la main une rose qui s'effeuille ; 3° Un panneau au-dessus de la porte d'entrée représente des jeunes filles dansant.

Dans ce cadre étincelant de dorures et d'une grâce et d'une élégance tout à fait charmantes se presse une foule élégante.

Il y a des tables de roulette dans chaque salle et deux tables de trente et quarante dans les salons Touzet. Ces tables sont constamment assiégées et le silence général n'est troublé que par le cri traditionnel du croupier : « Messieurs, faites vos jeux », par l'annonce du numéro ou le tintement de l'or.

Depuis l'ouverture du jeu, à 11 heures du matin jusqu'à la fermeture, à 11 heures du soir, les tables ne chôment jamais, même pendant les heures des repas.

C'est que la roulette surtout passionne singulièrement ceux qui s'y sont essayés ; écoutez ce qu'en pense un expert :

« Violente, endiablée, fatale lorsqu'elle s'empare

d'un être humain, elle ne le quitte plus. Sur dix joueurs de roulette, neuf ont eu, ou auront un bon commencement d'aliénation mentale. C'est la distraction favorite des illuminés. Les femmes l'adorent presque toutes ; avec elles ceux qui lui fournissent le plus de victimes sont les Italiens et les Russes. Vous le voyez : les nations superstitieuses. »

Adolphe Belot estime que ce jeu est le plus affolant qui soit :

« De vieux endurcis qui savent garder leur sang-froid, dit-il, à l'écarté, au baccarat et au trente et quarante, se passionnent, s'enfièvrent devant ce tapis chargé de numéros, ce cylindre, cette machine tournante.

« Ils s'asseyent, avec l'intention bien arrêtée de jouer les chances simples, les chances raisonnables, rouge, noir, passe manque, pair, impair, et bientôt les voilà qui courent aux sixaurès, aux transversales, entourent de louis les numéros, les nourrissent, les nourrissent toujours, jusqu'à ce que leur nourrisson les mange. »

Si ce jeu est décevant, le joueur ne saurait s'en prendre qu'à sa folle passion, car il est pratiqué à Monte-Carlo avec la plus grande loyauté, et aucune tricherie n'est possible ni à la roulette, ni au trente et quarante. Au contraire de ce qui se fait dans beaucoup de nos cercles de villes d'eaux, les grecs n'ont rien à faire à Monte-Carlo : vous ne voyez que le chef de partie et le croupier qui, mathématiquement, sont dans l'impossibilité absolue de corriger le hasard.

Il est indispensable de donner un aperçu très succinct de la façon dont le jeu de la roulette et du trente et quarante sont pratiqués à Monte-Carlo, non pour défendre la moralité du jeu contre lequel nous nous élevons, mais pour montrer la parfaite régularité avec laquelle tout se passe au casino de Monte-Carlo.

La table de jeu est ovale, recouverte d'un tapis vert; elle présente les numéros au nombre de 37, y compris le zéro, plus 6 autres chances pour faire de nombreuses combinaisons.

Au centre de la table, dans un enfoncement circulaire, se trouve la roulette. La mécanique se compose d'un cylindre contenant 37 cases ou compartiments dont chacun porte un numéro avec sa couleur. Le cylindre tourne sur son pivot. On imprime à ce cylindre un mouvement de rotation en poussant une des quatre branches formant une croix qui le surmonte. Pendant ce mouvement de rotation, on lance en sens inverse une bille d'ivoire, qui tourne dans un chemin circulaire incliné tout autour vers le centre et un peu plus haut que le cylindre. La bille tourne, jusqu'à ce qu'elle vienne se heurter contre de petites aspérités, disposées tout autour, pour tomber ensuite dans un des compartiments du cylindre où se trouvent les numéros alternativement noirs et rouges.

Au milieu de la table, près de la roulette, se trouvent les fonds de la banque représentés par des billets, de l'or et de l'argent ; ils sont placés devant les quatre croupiers, qui, assis par deux de chaque côté de la table, sont armés d'un râteau servant à attirer vers eux les enjeux des perdants.

A chaque bout de la table sont placés également deux autres croupiers avec leur râteau. Ils surveillent le jeu et les paiements. Il y a encore un ou deux chefs de partie ayant pour mission de surveiller le jeu, d'y maintenir l'ordre et de terminer tout différend qui pourrait s'élever entre les joueurs et la banque. Ils sont placés derrière les croupiers sur un siège élevé et dominent toute la table.

Sur le tapis, des deux côtés de la table, sont marqués les numéros disposés trois par trois, ainsi que les figures des différentes chances de la roulette.

Ces chances consistent soit dans les numéros, pris séparément, soit dans les combinaisons diverses résultant de leur ensemble ou de leur rapprochement.

On peut se livrer aux chances de la roulette de dix-sept manières distinctes.

On joue *en plein* quand on pose sa mise sur l'un des trente-sept numéros.

Si le numéro sort, on gagne trente-cinq fois sa mise.

Si le zéro sort, toutes les mises placées sur les numéros perdent, excepté celui qui se trouverait sur le zéro, qui aurait gagné trente-cinq fois sa mise comme sur un numéro plein. C'est ce qui constitue l'avantage de la banque.

La banque de Monaco, n'ayant qu'un seul zéro, offre l'avantage lorsque le zéro sort, que la mise, au lieu d'être enlevée, est seulement placée sur une petite barre appelée prison.

Le zéro sortant équivaut au refait du trente et quarante dont nous parlerons par la suite.

Phot. Chusseau-Flaviens

M. ET Mme EDMOND BLANC, DEVANT LE CASINO DE MONTE-CARLO

Poser une mise *sur deux numéros* qu'on a choisis c'est *être à cheval*. En effet, la mise se trouve posée également sur chaque numéro, c'est-à-dire par moitié.

Si le hasard amène l'un des deux numéros on a gagné 17 fois sa mise.

Les trente-six numéros sont représentés sur la table par trois colonnes de douze numéros chacune et les lignes transversales comprennent donc trois nuances chacune.

Vous jouez donc une transversale pleine quand vous mettez :

1° Sur la ligne extérieure de trois numéros.

On a 11 fois la mise quand un de ces trois numéros gagne.

Quand on place son argent au point d'intersection de deux lignes qui se croisent on joue un carré, et la pose de la mise indique que l'on prend les quatre numéros en carrés séparés par ces deux lignes.

Si l'un des quatre numéros sort, on a 8 fois la mise.

Jouer une transversale à 6 numéros, c'est poser sur la ligne de côté qui sépare six numéros. Que l'un de ces six numéros sorte et l'on obtient 5 fois sa mise.

Les colonnes, au nombre de trois, sont composées de 12 numéros. Si l'on veut jouer sur douze numéros, on pose sa mise dans l'un des carrés en blanc placés au bas de chaque colonne, immédiatement au-dessous des numéros 34, 35, 36.

Si le numéro sorti se trouve dans la colonne où

l'on a posé, on a gagné deux fois sa mise. Quand on porte sur la ligne qui sépare deux des trois colonnes, on joue deux colonnes à cheval. La mise comprenant 24 numéros, si l'un de ces numéros sort, on reçoit la moitié de sa mise.

A part les colonnes, il existe encore un moyen de jouer sur 12 ou 24 numéros.

Il n'y a qu'à poser sa mise dans l'une des trois petites cases placées à droite et à gauche, au bas du tapis et désignées par les lettres P. M. D. ce qui signifie :

P. Première douzaine, des numéros 1 à 12.

M. Douzaine du milieu, numéros 13 à 24.

D. Dernière douzaine, des numéros 25 à 36.

S'il vient un des numéros de la douzaine que l'on a choisie, on a deux fois sa mise.

Pour jouer deux douzaines ou 24 numéros, on pose sa mise à cheval sur la ligne qui sépare les cases D. M. ou les cases P. M. On gagne la moitié de la mise.

A la suite de ces dix manières de jouer à la roulette, viennent les chances simples prises séparément ou réunies.

Des numéros 1 à 36 formés par la roulette, la moitié est pair comme 2, 4, 6, 8, l'autre est impair comme 1, 3, 5, 7.

L'ayant mis à pair, un numéro de cette catégorie sort, on a gagné une fois sa mise.

Il en est de même pour les numéros impairs, on gagne une fois sa mise si le numéro sorti est impair.

Les 36 numéros se classent en deux parties. On a

nommé passe la dernière moitié qui comprend les numéros de 19 à 36 inclusivement. On gagne une fois sa mise.

Les numéros de 1 à 18 constituent la chance opposée à passe. On y gagne de la même façon une fois sa mise.

Dans l'une des figures de la table se trouve représenté un losange en rouge, qui indique le jeu des 18 numéros placés dans le cylindre aux cases rouges.

On y gagne, comme à pair et impair, une fois sa mise.

La chance opposée à rouge est la chance noire qui donne les numéros marqués au cylindre dans une case noire.

On gagne également une fois sa mise.

La désignation de la couleur indique les numéros qui sont rouges et ceux qui sont noirs.

Quand on pose la mise sur la ligne qui sépare deux chances simples on est à cheval, et l'on ne gagne que lorsqu'il sort une couleur ou un numéro appartenant à ces deux chances.

On n'a gagné, ni perdu quand il ne sort qu'une seule des deux chances choisies.

Le minimum de la mise à la roulette est de 5 francs le maximum est de 6.000 francs pour les chances simples, de 3.000 francs pour 24 numéros à cheval ou deux douzaines à cheval, de 1.500 francs pour 12 numéros en plein ou une colonne en plein, de 1.200 fr. par 6 numéros, de 760 francs pour un carré, de 560 francs pour une transversale de 3 numéros, de

360 francs pour un cheval ou 2 numéros et de 180 fr. pour un numéro plein.

Quand on commence, le jeu est annoncé par un croupier en ces termes : « Messieurs, faites le jeu ! »

Et en même temps il fait tourner le cylindre et lance la bille en sens inverse.

Quand le mouvement de la bille commence à ralentir, le même croupier avertit les joueurs par ces mots :

« Le jeu est-il fait ? »

Puis au moment où la bille heurte un des obstacles qui la fait sauter, le croupier crie :

« Rien ne va plus ! » et dès ce moment aucune mise ne peut plus être déposée ou relevée.

Ensuite le croupier appelle le numéro sorti avec les 3 chances simples attachées à chaque numéro.

Le croupier ou plutôt le chef de partie paie alors les gagnants.

C'est évidemment la roulette qui groupe le plus de joueurs ; cela tient surtout à ce que la mise est de 5 francs au minimum, alors qu'on ne saurait aborder le trente et quarante sans jouer 20 francs au moins.

Le trente et quarante réunit aux deux tables qui lui sont consacrées, les plus gros joueurs, et c'est là, surtout, que se font les plus grands coups.

La table du jeu de trente et quarante est ovale. Au centre, se trouvent les objets nécessaires au jeu, et les fonds de la banque. Au milieu de la table, et vis-à-vis l'un de l'autre, se placent les croupiers.

Le chef de partie est placé derrière les croupiers,

sur un siège élevé, afin de ne pas perdre de vue aucun détail de la partie.

On remarque au milieu de la table la somme totale mise en enjeu par la banque ; à côté, une petite plaque de marbre sur laquelle reposent les cartes ; enfin une corbeille placée sous la table devant le *Tailleur* pour recevoir les cartes qui ont été successivement appelées.

Sur le tapis, des deux côtés de la table sont représentées les figures servant à la formation des deux tableaux du jeu, dont se compose le trente et quarante avec ses diverses combinaisons.

Pour le trente et quarante, on se sert de cartes françaises dont le jeu se compose de 52 cartes, qui se décomposent en 26 de couleur noire, et en 26 de couleur rouge, soit pour les premières, 13 trèfles et 13 piques, et pour les dernières, 13 carreaux et 13 cœurs. Les cartes forment ensemble 340 points fournis par les 4 couleurs, à 85 points chacune.

Les points se comptent tels qu'ils sont marqués, l'as pour 1, le deux pour 2, etc., et chaque figure pour dix points.

Le jeu se combine au moyen d'un sixain de cartes complet, formant un total de 312 cartes et de 2.040 points.

Le tout réuni forme ce qu'on appelle une taille ou un sixain. La moyenne de la taille est de 26 coups effectifs.

Au trente et quarante, il y a quatre chances : *noir*, *rouge*, *couleur* et *inverse*. La lettre *A* signifie prison. La mise est en prison lorsqu'il y a le refait du 31, point à noir, et 31 à rouge, lorsqu'elle n'est pas assurée.

L'assurance contre le refait est établie de la manière suivante : 10 francs par chaque mille, et 5 francs par 500 francs et au-dessous.

On appelle *noir* la chance qui dépend de la première série de cartes que le tailleur a découvertes successivement sur la table.

La chance qui dépend de la seconde série de cartes s'appelle *rouge*.

La chance qui dépend de la première carte tirée et de la première série de cartes porte le nom de couleur. La chance opposée à la couleur s'appelle inverse ou autre couleur.

Le joueur peut choisir chacune de ces chances en déposant un enjeu dont le minimum est de 20 francs et le maximum de 12.000 francs — s'il gagne, il reçoit la valeur de sa mise.

On forme le gain ou la perte de la manière suivante :

Le tailleur fait les cartes en deux séries dont chacune doit comprendre plus de 30 points.

Une série ne peut comprendre moins de trente et un points en plus de quarante. La première série appartient à la couleur noire, la seconde est pour la couleur rouge.

La série qui donne le point le plus rapproché de 30 gagne et l'autre perd. Ainsi se détermine le gain ou la perte de la mise posée à noir ou à rouge.

Pour la chance appelée couleur, le gain ou la perte s'indique par la première carte de la première série combinée avec le point de la série gagnante. Si à la première série, la carte est *noir*, et que la première série ait gagné ou amené le point le plus rapproché de 30, alors noir et couleur gagnent et rouge perd.

Le jeu à l'inverse est l'opposé de la couleur; et il en est de même pour la deuxième série. Si la première carte tirée est *rouge*, et que cette série ait gagné le point, alors rouge et couleur gagnent et noir et l'inverse perdent.

C'est-à-dire que la chance de la couleur et de l'inverse dépend de la première carte tirée pour chaque série, combinée avec le gain ou la perte de la série noir ou rouge.

Aussitôt le jeu décidé par le tirage des deux séries, le tailleur en annonce le résultat.

Supposons que la première carte soit noire, et que le nombre de points de la première série s'approche le plus du nombre 30, le *tailleur* dit : «*Rouge perd couleur gagne*.

Mais si la première carte de cette première série est au contraire rouge, il dit : « *Rouge perd et couleur*. »

Si la seconde série gagne, il dit:

« *Rouge gagne et couleur !* »

Le tailleur doit annoncer son nombre de points aussitôt après chaque série tirée. Si la première amène quarante points, il dit « *Quarante !* »

Si la seconde série amène aussi quarante points, il ajoute : « *Après !* »

La formule est la même quand les deux séries forment un point égal. Ces deux séries ayant un même nombre de points, forment ce qu'on appelle un *refait*: ce sont des coups nuls.

Mais si les deux séries ont amené 31, le refait formé de cette manière profite à la banque, en ce cas la mise du joueur est placée en prison, et n'est délivrée que si au coup suivant la chance gagne.

Le *tailleur* invite au jeu par ces mots : *Messieurs, faites le jeu.* Quand les mises ont été déposées, il dit : *Le jeu est fait, rien ne va plus.* Dès lors aucune mise ne peut être déposée ou retirée.

Le jeu décidé, le tailleur en annonce le résultat, aussitôt les croupiers enlèvent les mises perdantes et paient les gagnants.

Le tailleur jette ensuite les cartes qui ont servi à former les points dans une petite corbeille placée devant lui sur la table.

En appelant le résultat du jeu, le tailleur n'annonce que le nombre de points qui dépasse 30 pour chaque série. Si par exemple, la première série amène 32, il dit simplement : « *Deux* ». Si la seconde série donne 35, il dit : « *cinq* » en sous-entendant chaque fois le nombre 30. Il y a une exception quand le coup amène 40; il dit alors : « *Quarante.* »

Quand il ne reste plus assez de cartes au talon le tailleur annonce :

Messieurs, le coup n'y est plus !

Les croupiers mêlent alors d'autres cartes et les passent au tailleur qui les mêle à son tour, il les fait couper par les joueurs avec une carte blanche et le jeu recommence de la même manière.

Ces tables de trente et quarante sont, en général,

entourées d'un public plus choisi et plus correct que celui de la roulette. Il n'y a presque jamais de discussion, les gros joueurs y sont habituels, et tout s'y passe avec une régularité parfaite, mais avec moins de pittoresque qu'à la roulette, où le public plus passionné et plus peuple laisse mieux voir les troublantes émotions qu'il ressent.

Nous avons exposé ce qu'était le jeu de la roulette et dit quelle fièvre il procurait. Nous allons revenir un instant en arrière pour dire quelques mots des joueurs qui le pratiquent.

On ne joue pas à la roulette comme à la loterie, croyez-moi ; on ne prend pas au petit bonheur un numéro. Non, chaque *ponte* à une manière à lui de procéder qui lui est particulière et absolument propre.

L'un a confiance dans l'efficacité d'un système, l'autre croit sincèrement, religieusement à l'influence des forces mystérieuses.

Quelques joueurs noircissent fiévreusement des pages de chiffres avant de risquer la moindre somme ; d'autres, au contraire, sans se livrer au moindre calcul se contentent d'apporter dans les salons de Monte-Carlo, les talismans les plus fantastiques.

Quant aux diverses façons de jouer, on en observe à l'infini, et toutes sont plus étranges les unes que les autres. En est-il de bonnes ? me demanderez-vous. Peut-on gagner au moyen d'un système ? Je le crois, mais ceux qui basent leur jeu sur des calculs sérieux, ne réussissent guère mieux que les fétichistes les plus stupides, parce que dès qu'ils sont en gain, ils négligent les règles tracées à l'avance, et se lancent éperdûment dans un jeu fort audacieux et, par conséquent, désastreux.

Il n'en est pas moins curieux de voir à l'œuvre ces systémiers et ces fétichistes aussi qui méritent d'être étudiés de près.

« Le calcul, disait Napoléon, finira par vaincre les maisons de jeu », c'est de cette pensée que se sont inspiré les empiriques qui préconisent les *marches rationnelles*.

« Ne riez pas des joueurs méthodiques, des calculateurs, des joueurs à système, disait François Blanc, ce sont les seuls qui pourraient être dangereux pour la banque. Heureusement pour elle je n'en connais pas. Il vient toujours un moment où toutes les méthodes, tous les calculs, tous les systèmes le cèdent à la fantaisie qui ne tarde pas à lui rendre ce que les combinaisons premières lui ont enlevé. »

« Les jeux de hasard, suivant d'Alembert, sont soumis à une analyse qui est tout à fait du ressort mathématique, où la probabilité de l'événement est égale entre les joueurs, ou si elle est inégale, elle peut toujours se compenser par l'inégalité des mises. On peut à chaque instant demander quelle est la prétention d'un joueur, et comme sa prétention à la somme des mises, est en raison des coups qu'il a pour lui, le calcul déterminera toujours ou rigoureusement, ou par approximation quelle serait la partie de cette somme qui lui reviendrait si le jeu ne s'instituait pas ou si le jeu étant institué, on voulait l'interrompre. »

Voilà sans doute le point de départ de tous les systèmes, mais combien ils diffèrent entre eux par l'application. Chaque joueur a son procédé et trouve fort ridicule celui du voisin. L'un prône la *martingale*, l'autre le *paroli*, celui-ci a un jeu très compliqué de montante et de descendante, cet autre ne veut entendre parler que du quadrangle ou du double quadrangle, on en voit encore qui abandonnent leur gain et leur mise sur le tapis et attendent le maximum.

Cette dernière manière était celle d'un Anglais célèbre à Monaco qui, pendant toute une année, joua matin et soir un seul louis au trente et quarante. En jetant ce louis au hasard sur le tapis, il disait au croupier :

« Je laisse ma mise, si je fais le maximum, envoyez-moi prévenir, je me tiens à la table voisine. »

Il évitait ainsi la tentation de retirer sa mise après un faible gain, et la légende veut qu'il ait fait fortune par ce moyen.

De tous ces systèmes, il en est un qui mérite une attention spéciale, c'est celui qu'on appelle, là-bas, la montante Blanc.

D'après une légende qui est fort en faveur dans l'*atrium* de la salle de jeu, M. François Blanc aurait un jour indiqué lui-même ce moyen à un officier russe de ses amis dont les poches s'étaient vidées à la roulette.

— Jurez-moi, aurait dit le fameux tenancier de

Monaco, à l'officier, de jouer sans vous écarter une seconde de la règle que je vais vous indiquer et je vais vous remettre les cinquante louis nécessaires pour tenter la chance avec succès. — La parole donnée, M. Blanc exposa son système : Un paroli aux chances simples qui permet avec une montante de 3 à 500 francs de jouer onze coups. L'officier, affirme-t-on, refit sa fortune par ce procédé, mais, pour être véridique, je dois ajouter qu'en revenant à la table de jeu après avoir quitté M. Blanc, il avait fait la rencontre d'un bossu, et lui-même était bien convaincu, paraît-il, que c'était cette circonstance qui lui avait rendu la chance favorable : *Chi lo sa* ?

« Les bonnes gens qui font les cornes au diable, qui portent sur eux des mains de *jettatore* et qui prennent garde au vol des corbeaux, sont bien plus nombreux qu'on ne croit », dit Hugues le Roux. Et en effet le nombre des joueurs qui ajoutent foi à la puissance des talismans pour aborder heureusement la roulette ou le trente et quarante est considérable.

J'ai vu une dame ne ponter que sur le rouge et seulement lorsque le croupier qui tenait la manivelle était blond. Une somnambule avait prédit à la dame qu'elle tomberait dans une misère *noire* et interprétant le destin elle se méfiait du noir et des croupiers bruns.

Le calcul des probabilités peut être vrai en théorie, affirment gravement les fétichistes, mais pratiquement, il est vain parce que les chiffres n'ont rien à voir avec la fantaisie du hasard. La chance seule peut vous favoriser, et c'est le point d'origine de la croyance aux talismans qui affecte aussi des formes variées.

Certains joueurs, en effet, jouent leur numéro de vestiaire, ou celui de leur chambre d'hôtel; d'autres la date de leur naissance ou celle des grands événements de leur existence. Il en est qui se conforment aux phases de la lune ou consultent les tables tournantes.

J'entendis un jour à la table d'hôte de l'hôtel de Paris, un vieux monsieur, correct et distingué, affirmer l'infaillibilité de son moyen pour gagner à la roulette, et comme on s'empressait pour connaître son secret :

« Rien n'est plus simple, dit-il gravement. Il faut observer le matin sur quel côté on s'éveille. Si c'est sur le côté gauche, c'est certainement la *noire* qui sortira le plus souvent dans la journée. Si malgré tout vous vous êtes tenu tout le jour sur cette couleur, le soir vous serez en gros bénéfice. Au contraire, si vous vous éveillez sur le côté droit, jouez la rouge avec la même énergie.

— Si on se réveille sur le dos, reprit malicieusement une dame ?

— Gardez-vous de jouer alors, reprit sérieusement notre homme, c'est là un mauvais signe.

— Et sur le ventre, fit en riant un jeune homme ?

— Le cas est rare, reprit le vieux monsieur, il convient alors de jouer le n° 20 en plein; c'est une fortune. »

J'ai su, depuis, que le brave homme complètement ruiné avait en outre perdu la tête.

Les petits cochons, les mains de corail, les crocodiles en argent, font fureur à Monte-Carlo; mais être placé à côté d'un bossu est le comble de la félicité N'oublions pas, non plus, les gens qui, pour gagner, s'imaginent devoir tirer la langue à leur voisin de gauche, et qui, pour se livrer à cet exercice étrange, prennent prétexte d'un bâillement.

Enfin chaque joueur a une manie plus ou moins folle, à laquelle il attribue la chance.

A vrai dire, il n'existe que trois catégories d'habitués qui font de bonnes affaires à Monte-Carlo :

1° Les bossus qui moyennant finances se laissent palper.

2° Ceux qui cèdent leur siège autour de la table pour un louis.

3° Les professeurs de roulette.

Ces derniers sont légion à Monaco, et surtout à Nice.

Le professeur de roulette est un être extraordinaire, moitié fou et moitié filou. Généralement, c'est un joueur ruiné par son système et qui, malgré le triste démenti donné par la pratique, croit encore à son infaillibilité.

Il a généralement commencé par tricher au jeu; j'entends qu'il a ramassé les *masses* ne lui appartenant pas et n'a pas tardé à se faire chasser de la maison. Alors, dans la solitude, loin du paradis, il a perfectionné son système, jouant avec des haricots ou des boutons de culotte, et ne considérant que les coups de gain. Ensuite, de bonne foi, il présente sa méthode au public et c'est vraiment un fou. Mais il devient filou, lorsqu'il met la main sur un joueur crédule, à la recherche d'un moyen de gain; celui-là, il l'exploitera jusqu'à son dernier sou.

Pour compléter cette étude, il faudrait encore parler des moyens malhonnêtes employés pour s'emparer des masses appartenant aux autres, des procédés des filles toujours nombreuses dans les salles de Monte-Carlo, enfin des chantages exercés contre la maison de jeu, mais tous ceux qui ont passé un hiver sur la Côte d'azur connaissent ces tristes choses. Pour terminer nous nous permettrons de citer tout au long un article très spirituel de M. Gaston Leroux publié dans le *Matin*, parce qu'il exprime avec une vérité saisissante, les sensations variées que trouve à Monaco un joueur de roulette.

Monte-Carlo, 26 février 1902.

« O Fortune qui me fus contraire et dont j'acceptai les coups avec une si douce philosophie, ô toi qui voulus bien m'ôter ma dernière pécune dans le dessein de me faire jouir, sans souci, du spectacle de la nature, écoute-moi !... Je trouve que j'ai assez vu le paysage. A l'aurore, quand le soleil se lève derrière le cap Martin, à midi, quand il embrase le port d'Hercule, et le soir, quand il entre, sanglant, dans la mer, je me promène, n'ayant pas mieux à faire, sur la rive.

Tous les rochers me connaissent; je suis allé du figuier de Barbarie à l'aloès; les allées du vieux Monaco ont vu mon dos courbé et mon front pensif; je sais les formes étranges que la nature a données au tronc des oliviers; je me suis réjoui cent fois de la neige printanière des amandiers en fleurs, et j'ai compté les pommes d'or au jardin des Hespérides.

Si tu le voulais, ô Fortune ! nous passerions à un autre

genre d'exercices. La pauvreté a ses avantages, et tu viens de le prouver à mon cœur d'artiste; mais il ne faut pas qu'elle exagère ses bienfaits. Je sais que le bonheur de la vie humaine dépend de la vertu seule, et le poète latin a dit que la pourpre la plus éclatante, les vins de Falerne et les parfums d'Arabie ne peuvent rien contre les soucis... Il me la baille bonne, cet homme qui n'aurait point voulu troquer sa petite terre de Sabine contre des richesses qui ne lui eussent causé que des peines! Encore avait-il une terre de Sabine; mais, moi, je n'ai rien du tout.

Ah un sourire de toi, ô Fortune ! un sourire de cinq minutes ! Dans ce pays merveilleux, cela suffit pour faire de l'homme le plus minable un rentier des Batignolles... Voilà justement que j'attends pour cet après-midi, à l'heure des jeux, un pli qui me permettra de frapper à ta porte. Ouvre-la moi de bon accueil; inspire-moi, conduis-moi par la main vers la table qui connaîtra mon bonheur, et jette mon louis d'or sur un numéro favori. »

« Ainsi invoquai-je la Fortune quand je rencontrai sur les terrasses qui surplombent la mer, un homme qui se promenait les mains dans les poches dans une béatitude évidente. Il me demanda si je ne me préparais point à entrer dans les salons de jeux, et m'avoua qu'il y avait passé les plus belles années de sa vie.

« J'ai gagné là, m'a-t-il dit, 450.000 francs, que je n'ai point reperdus, et il ne tient qu'à vous de faire de même. »

« Je pris mon air le plus aimable, et lui demandai de vouloir bien s'expliquer.

« J'ai ramassé 450.000 francs, me répondit-il, en vendant, vingt ans, chaque jour ma place de jeu cent sous.

« Ça ne peut pas faire mon affaire, lui dis-je, je pars après-demain.

« ... Vous savez que j'ai en haine le système infaillible. Je n'en veux plus; car je songe combien grande est la folie de ces hommes qui veulent enfermer dans des règles étroites la chance capricieuse, volontaire et libre. Pour moi, les sages sont ceux qui ont renoncé à lui faire vio-

Phot. Numa-Blanc

LE PRINCE ALBERT ET SA 1re FEMME, LA DUCHESSE DE HAMILTON

lence, et qui, connaissant par expérience toutes les bizarreries dont elle est capable, s'efforcent à la deviner, à la pressentir, à la saluer au passage, et à la suivre autant que peut nous le permettre sa course vagabonde.

La Fortune, appelée aussi Chance, appelée aussi Veine se plaît à annoncer son approche par mille petits riens qu'on a tort de dédaigner. Ainsi, les numéros de vestiaire, qui n'ont l'air de rien autre chose que des numéros de vestiaire, sont à l'occasion des indications précieuses pour la marche de vos écus. Admettons qu'au vestiaire on vous ait donné le numéro 124; c'est la Fortune amie qui vous invite à jouer le 1, le 2 et le 4; le 12 et le 24; le 7 parce que 1 + 2 + 4 font 7, le 3 parce que 1 + 2 font 3; le 6, parce que 2 + 4 font 6; le 16 parce que 12 + 4 font 16; le 25 parce que 1 + 24 font 25; et tous autres numéros que vous pouvez créer par la combinaison des trois chiffres contenus dans 124. L'un des numéros sortira certainement; et s'il sort au moment précis où vous aurez votre pièce dessus, vous m'avouerez que ce n'est pas seulement le hasard qui vous aura donné, en échange de votre canne ou de votre parapluie, le numéro 124.

« Il faut se faire humble avec la Veine : les esprits forts n'ont point raison d'elle, et j'aime mieux prêter l'oreille aux discours d'un monsieur qui me dit ne pouvoir gagner que lorsqu'il a une tortue vivante dans sa poche, qu'aux sornettes prétentieuses des mathématiciens agitant le calcul des probabilités... Une tortue ! Pourquoi la Veine ne se manifesterait-elle point aux hommes sous les apparences d'une tortue ?... Elle a bien fait signe à un joueur célèbre par le truchement d'une araignée. Cet homme dont on parle encore dans l'*atrium*, venait toujours au jeu avec une petite boîte, qu'il ouvrait devant la roulette. Le fond de cette petite boîte était peint moitié en rouge, moitié en noir. Une araignée se promenait dedans. Quand l'araignée était sur noir, il jouait noir; quand elle était sur rouge, il jouait rouge. Il gagna ainsi de fortes sommes, dit-on, jusqu'au moment où l'araignée, fatiguée de se promener toujours dans la même boîte, alla se loger dans son plafond.

« Mais c'est assez bavardé. Puisque j'ai résolu de tenter une dernière fois la Fortune, allons-y !... » Je fais un pas dans la première salle de jeu, et je me dis : *Rouge*; un second pas, je me dis : *Noire;* un troisième pas, je me dis : *Rouge*, et je continue à marcher : *Noire* ! *Rouge* ! *Noire Rouge*!... une ! deux ! *Noire* ! *Rouge* !

Me voilà contre une table. Vite une pièce à Rouge. Noire sort... Qu'est-ce que cela prouve ? que j'aurais dû commencer à compter mes pas par la noire et dire : *Noire* ! *Rouge* ! au lieu de *Rouge* ! *Noire* !... Mais on ne songe pas à tout...

Cependant, autour de moi, une rumeur. Quel est ce personnage vers lequel la foule se glisse avec discrétion, qu'elle entoure en silence, et qu'elle suit jusqu'aux tables de trente et quarante ? Je m'approche, je me lève sur la pointe de mes bottines; c'est un bossu. Il sourit vaguement, mais agréablement. Des dames le frôlent et lui caressent doucement les épaules. Il ne se retourne même pas ; il le sait. Il n'ignore point la somme de bonheur que contient sa gibbosité, et, généreusement, il la distribue.

Me voilà contre lui. Anxieux, je lève la main ; mes doigts tremblent, en se promenant rapidement sur le drap difforme. C'est fait. Je veux m'éloigner; mais une main en dessous me retient par ma jaquette.

« C'est un louis ! » susurre le bossu.

Je donne le louis. J'en joue un autre. Je perds.

Et nous sommes dix maintenant, derrière le bossu, à considérer sa bosse, d'un œil sombre... Est-ce une vraie bosse ?...

« Monsieur, me dit quelqu'un que je ne connais pas, vous n'avez pas l'air d'un imbécile. Je ne m'explique donc pas pourquoi vous vous acharnez de la sorte à demander au hasard un gain qu'il vous refuse. Venez avec moi; je vais vous faire gagner sûrement ; mais le hasard, je vous prie de le croire, n'y sera pour rien. C'est moi qui aura fait votre fortune il sera donc juste que vous la partagiez avec moi. Mettez-vous en face de cette table de roulette. Vous voyez le chef de partie ; c'est mon cousin germain. Observez-le, tout à l'heure il prisera ; c'est le signal. Quand le chef de partie, qui est mon cousin germain, prise, c'est le rouge qui sort. Nous sommes de mèche. Vous mettrez sur rouge tout ce qui vous reste. »

Je n'eus garde de manquer une pareille occasion. Au bout d'un quart d'heure d'attente, le chef de partie prisa, et j'admirai le naturel avec lequel il faisait disparaître la poudre de tabac dans son système nasal ; vraiment, il n'avait l'air de rien, et cette prise innocente ne pouvait le compromettre. Je mis sur rouge sans ostentation, et j'attendis. Rouge sortit. J'adressai à mon inconnu une œillade d'intelligence ; je ramassai mon gain et le partageai comme il avait été entendu.

« Attendez encore que mon cousin germain prise, fit cet homme, et remettez toute votre fortune sur rouge. »

Vingt minutes plus tard, nouvelle prise. Je jette tout ce que je possède sur la couleur indiquée. On annonce noire. Je me retourne, stupéfait; mon bienfaiteur avait disparu; quant au cousin germain, il se mouchait bruyamment.

« Vous devriez moins priser » fis-je à cet homme, qui me regarda avec des yeux d'abruti.

Je sortis du cercle, la tête un peu lourde et les yeux moins clairs. Sur la place, mon pied glissa, et je faillis mesurer la terre.

Quand j'eus regardé ce dans quoi j'avais marché. « Il est bien temps maintenant ! » fis-je.

(M. Gaston Leroux, *le Matin*, n° du 1er mars 1902).

CHAPITRE VIII

Situation politique et juridique à propos du jeu. — Souveraineté et indépendance des princes de Monaco.

Traité du 2 février 1861 entre le prince et Napoléon III. — Convention douanière de 1865. — La principauté obtient l'autonomie. — Monaco n'est plus sous le protectorat de la France. — Etat souverain absolument indépendant. — En 1858 et 1870 le Sénat applique le principe de non-intervention dans les affaires monégasques. — En 1878, M. Waddington, ministre des affaires étrangères, constate que Monaco n'est pas sous le protectorat français. — M. Ribot, en 1891, reconnaît l'indépendance de Monaco.

Revenons un peu en arrière et étudions un instant le traité du 2 février 1861 qui fait une situation nouvelle et tout à fait particulière à la principauté. L'étude de ce traité montrera combien sont peu fondées les réclamations qui sont adressées à la France, à l'occasion de l'existence de la maison de jeu.

Le prince, nous l'avons dit, abandonnait à la

France ses droits sur Menton et Roquebrune, moyennant une indemnité de quatre millions. Napoléon III s'engageait à servir des pensions viagères aux employés et fonctionnaires du prince, dans les communes de Menton et de Roquebrune, à parfaire la voie qui relie Monaco à la Corniche et à construire en hâte une route suivant le littoral entre Nice et Monaco.

Le prince, à son tour, s'obligeait à laisser construire un chemin de fer qui traverserait la principauté et irait de Nice à Gênes.

Une union douanière serait conclue entre la France et la principauté, avec tout ce qui concerne les tabacs, et les postes et télégraphes. Les habitants de Menton et de Roquebrune qui désireraient demeurer monégasques devraient opter dans l'année ; ceux qui seraient au service du prince pourraient demeurer en fonctions sans perdre la qualité de Français en le déclarant dans les trois mois.

Pour prix de sa renonciation complète aux droits de douanes, le prince recevait une indemnité annuelle de 20.000 francs. Le tabac, les poudres de guerre, de chasse et de mine, les cartes à jouer seraient fournis au prince par la France au prix de revient pour être vendus selon le tarif français. Les lois et règlements qui régissent en France la librairie et les armes de guerre seraient applicables dans la principauté.

Les navires français acquitteraient dans la principauté, les mêmes droits que ceux auxquels ils seraient soumis dans les ports français.

Il serait établi à Monaco un bureau de poste dont le titulaire serait nommé par le gouvernement français. Un bureau de télégraphe serait établi dans les mêmes conditions.

Si le prince frappait des monnaies, elles seraient de même modèle que celles en usage en France, et seraient frappées à l'hôtel des monnaies, à Paris,

Le prince se réservait la faculté de conclure avec les puissances étrangères tout traité qui ne renfermerait aucune clause contraire à la convention conclue pour cinq années.

Cette convention du 9 novembre fut fort discutée en Europe au point de vue politique. La *Gazette d'Augsbourg* y vit une annexion indirecte de la principauté à la France, faite au mépris du peuple monégasque non consulté. L'organe du prince et le *Constitutionnel* répondirent que les droits du prince restaient intacts, mais l'empereur crut devoir faire intervenir son gouvernement. Le *Moniteur Universel* inséra la note suivante :

« Plusieurs journaux français et étrangers se sont mépris sur les conséquences que l'arrangement conclu le 9 novembre dernier entre la France et la principauté de Monaco pourrait exercer sur le régime de nos relations commerciales et maritimes avec d'autres pays. A leur sens, les pavillons auxquels des actes diplomatiques, garantissent dans les ports de l'empire le traitement de la nation la plus favorisée, auraient acquis de plein droit, toutes les franchises assurées à la marine monégasque. Cette interprétation tombe d'elle-même à la lecture de la première ligne de la convention. Par le fait seul qu'ils l'ont intitulée union douanière, ses négociateurs en ont suffisamment déterminé le caractère.

En vertu de cet acte la principauté est incorporée dans nos lignes de douanes. Ses produits, comme ses navires, cessent d'être compris, pour la perception des droits parmi ceux des pays étrangers. Le changement apporté au régime applicable dans nos ports au pavillon de Monaco n'intéresse donc en rien les états vis-à-vis desquels nous sommes liés par des conventions maritimes. Leur situation ne saurait donc être modifiée par un contrat qui n'a aucune analogie avec les arrangements dont on les invite à se prévaloir. Nous sommes disposés à croire, d'ailleurs, que telle est l'opinion de leurs propres gouvernements, car il n'est pas à notre connaissance qu'aucun d'eux, confondant deux choses aussi distinctes qu'un traité de commerce et un traité d'union douanière, ait réclamé jusqu'à ce jour l'application de nos règlements intérieurs en vertu de la clause dont on leur suggère une interprétation aussi favorable à leurs intérêts (1). »

En même temps le gouvernement, le 17 janvier 1866, notifiait aux chambres de commerce la circulaire suivante : « La convention du 9 novembre 1865 est une union douanière dont l'objet est d'étendre pour toutes les opérations commerciales et maritimes, la frontière de l'empire jusqu'à l'extrême frontière de la principauté. Du fait, il n'existe plus dans la principauté que des ports français, régis par les lois françaises. »

La question fut ainsi tranchée sans qu'aucune difficulté fût soulevée par la suite.

La situation politique de la principauté n'a point

(1) *Moniteur Universel*, 15 janvier 1866.

subi de changement depuis 1861 ; Monaco a toujours été traité comme un état souverain. La souveraineté comprend, en effet, un élément essentiel : la représentation diplomatique, le pouvoir juridictionnel, le droit de conclure des traités. Or, donc le prince de Monaco entretient des ambassadeurs à l'étranger, il échappe à tout contrôle pour l'exercice de la justice, et il passe des traités diplomatiques avec les puissances : *il est souverain*. Voilà pour la question de fait ; quelle est sa situation en droit ?

On a soutenu en France que le prince de Monaco était sujet français ; les princes de Monaco, a-t-on dit, n'ont jamais été indépendants : aux quatorzième et quinzième siècles ils étaient vassaux du roi de France pour le fief de Monaco, et du Piémont pour ceux de Menton et Roquebrune. Au seizième siècle, ils devinrent sujets de l'Espagne en restant vassaux de la Savoie pour Menton et Roquebrune. Aujourd'hui ils sont sujets de la France qui a le droit absolu de mettre garnison dans leur forteresse et de modifier leur gouvernement comme elle le jugera convenable.

Cette théorie n'est pas soutenable, puisque depuis Louis XII jusqu'à Napoléon III, les gouvernements français qui se sont succédé ont tous reconnu la souveraineté des Grimaldi.

Monaco est-il un État protégé ?

L'opinion courante est que, jusqu'en 1861, la principauté se trouvait placée sous la protection de la Sardaigne, et qu'elle est actuellement protégée par la France, mais aucun argument ne vient soutenir cette thèse.

On a prétendu que le protectorat sarde s'était continué au profit de l'Italie, et cela dans le Gotha de 1892, qui mentionnait la principauté comme placée en vertu du traité de Paris du 20 novembre 1815 sous le protectorat de la Sardaigne, on voulait que le traité de Stupiniggi n'ait été abrogé par aucun texte, et par conséquent l'Italie pouvait y débarquer des troupes et se servir de la forteresse et du port comme d'un point d'appui en cas de guerre avec la France.

A vrai dire le protectorat italien, pas plus que le protectorat français, ne sont juridiquement soutenables. Dans l'absence de texte positif on peut invoquer en faveur du protectorat français, que la France aurait succédé à tous les droits de la Sardaigne par suite de la cession du comté de Nice. Pourquoi ? dit à ce sujet M. Maurice Moncharville, « le traité de Turin est-il donc muet ? Un oubli est inadmissible : les villes insurgées avaient motivé trop de négociations dans les deux chancelleries pour rester inaperçues au moment où le comté de Nice changeait de maître ». Bien plus les traités du 2 février 1861 et du 9 novembre 1865 sont muets. Ils règlent tous les rapports de voisinage prévus par tous les traités de Stupiniggi; seule la question du protectorat est négligée, cela prouve bien que la France ne se considérait pas comme se subrogeant à la Sardaigne dans le protectorat.

Au reste, si la principauté était sous le protectorat français, ce serait, dit toujours M. Maurice Moncharville « dans les conditions stipulées au traité de Stupiniggi du 8 novembre 1867, la France devait donc en vertu des articles 1 et 10 comprendre le prince dans ses traités de paix, et entretenir une garnison à Monaco. Aucune de ces deux obligations n'a jamais été remplie. L'argument fourni par le manquement à la première, n'est pas d'un grand poids, car il serait difficile de trouver un intérêt sérieux pour le prince, à être compris dans les traités conclus par la France depuis 1860. Mais l'absence de garnison française à Monaco est autrement significative, en particulier à une époque où des troupes sont échelonnées tout le long du littoral, des Alpes maritimes jusqu'à la frontière italienne. La France ne se croit pas en droit d'introduire un soldat à Monaco, et cela est si vrai que, lors du dernier voyage du président de la République dans le midi, en 1896, une convention spéciale fut conclue pour permettre à une escorte de cavalerie d'accompagner M. Félix Faure dans sa visite au prince. »

Donc le protectorat français, je le répète, est aussi peu défendable que le protectorat italien.

En fait, l'Italie a montré ouvertement qu'elle ne se considérait pas comme ayant succédé à la Sardaigne dans son protectorat. Le retrait de la garnison sarde manifeste la volonté de l'Italie de rompre les liens du passé, et la cession de Menton et de Roquebrune à la France est encore plus explicite. « Nous trouvons enfin une dernière manifestation de volonté dans l'union douanière de 1865 exclusive du protectorat italien comme incompatible avec le traité de Stupiniggi, et conclue sans protestation de la part de l'Italie. On pourrait même et par surcroît tirer argument de ce que, depuis 1865 l'Italie, n'a pas fait comprendre Monaco dans ses traités de paix et n'a jamais élevé aucune prétention au protectorat.

Nous concluons donc : la principauté de Monaco est un état souverain et non protégé (1). »

Dans plusieurs cas déjà, depuis 1860, le principe de non-intervention a été appliqué par la France dans les questions de politique intérieure de Monaco.

Depuis la création de la maison de jeu par le prince Charles III, en 1858, le casino compta de nombreux ennemis.

En 1867, une première pétition faite par neuf cent quatre habitants de Nice fut portée au Sénat français. Dans cette pétition lisait :

« Un établissement de jeu public patronné par les lois du pays existe depuis quelques années seulement dans la principauté de Monaco, enclavée de tous côtés par la France. Cette situation topographique entraîne nécessairement des rapports continuels entre ses habitants et ceux de l'ancien comté de Nice réunis maintenant à la France.

« L'exemple et la tentation de la maison de jeu que les habitants de cette contrée voient fonctionner presque sous leurs yeux sont funestes aux intérêts et à la moralité de leur population. Des commerçants et des travailleurs sont journellement entraînés par une pente fatale à demander au jeu, ce que le commerce et l'industrie leur auraient donné plus sûrement, mais moins promptement. Cette redoutable concur-

(1) MAURICE MONCHARVILLE, *Monaco, au point de vue international*. Pedone, éditeur.

rence attire à elle, la fortune et les biens de chacun, surtout celle des étrangers dont le séjour à Nice forme la grande ressource du pays.

« Par ces motifs, les pétitionnaires demandent au Sénat d'intervenir près du gouvernement pour que, sans prétendre indiquer le moyen à suivre, ce danger public soit écarté de Nice, et que l'on arrive au but désiré par eux : la suppression de la maison de jeu de Monaco. »

Une commission dont M. le baron de Ladoucette fût nommé rapporteur, examina cette pétition et voici sa conclusion :

« La France qui a supprimé chez elle le jeu public désirerait certainement que les États voisins l'imitassent, mais peut-elle les y contraindre ? Non assurément, disait le baron de Ladoucette. Chaque prince souverain est maître chez lui, nous pouvons l'engager à suivre notre exemple, mais là, s'arrêtent nos droits. »

Le rapporteur continuait toutefois en donnant l'assurance que le prince de Monaco avait consenti à interdire l'entrée des salons de jeu aux habitants français des Alpes-Maritimes.

Un sénateur insista, trouvant que cette concession était peu de chose et qu'il fallait obtenir la fermeture du casino.

Mais M. de Ladoucette répéta que le prince étant souverain *il était impossible d'agir contre lui par voie de coercition*.

Le Sénat approuva cette manière de voir, et passa simplement à l'ordre du jour.

En 1870, une nouvelle pétition, accompagnée de 1379 signatures, fut de nouveau adressée au Sénat. Les pétitionnaires déclrraient que rien ne s'était modifié dans la situation signalée en 1867. Ils réclamaient la fermeture de la maison de jeu.

C'est le baron Brenier qui fut nommé rapporteur. Comme M. de Ladoucette il proclama d'abord le principe de non-intervention et déclara Monaco indépendant. Le rapporteur toutefois demanda le renvoi de la pétition au ministre des affaires étrangères.

Mais le commissaire du gouvernement n'accepta pas cette conclusion. Il repoussa énergiquement le renvoi au ministre, et demanda l'ordre du jour (1).

« Il n'aura pas pour objet de dire que les pétitionnaires n'étaient pas en droit de se plaindre ; il aura, comme en 1867, cette signification que vous respectez, même dans ses limites les plus extrêmes, le droit des principautés indépendantes, et qu'en ce qui concerne les jeux vous respectez les droits du souverain de Monaco comme ceux des autres États où les jeux sont établis, que vous êtes pleins de déférence pour le droit des gens et que vous n'entendez ni blâmer ni approuver ce qui se passe hors de chez vous. »

Le Sénat approuva cette conclusion et passa à l'ordre du jour.

En 1877, une nouvelle pétition fut adressée au Sénat. Comme les précédentes, elle demandait la fermeture de la maison de jeu. Cette fois pourtant les pétition-

(1) *Journal officiel*, 11 juin 1870.

naires y mettaient des formes. Ils désiraient « que le gouvernement intervînt par voie diplomatique pour obtenir la suppression de la maison de jeu établie dans la principauté de Monaco ».

Le Sénat, cette fois, renvoya la pétition devant le ministre des affaires étrangères (1).

M. Waddington répondit, le 6 octobre 1878, qu'il ferait de cette pétition l'objet d'une note diplomatique, mais il ajoutait aussitôt :

> Rien ne m'autorise à penser que des pourparlers qui seraient engagés en ce moment offriraient quelque chance de succès ; mais si j'entrevoyais quelque circonstance qui me permît de traiter utilement cette question, je ne manquerais pas de la saisir...

C'était une fin de non-recevoir.

Le 20 janvier 1882 une nouvelle pétition était adressée au Sénat et à la Chambre le 14 février de la même année. Cette pétition très énergique dans les termes et couverte d'un grand nombre de signatures ne fut même pas discutée.

A la même époque, le 24 janvier 1882, une pétition à peu près semblable était portée à la Chambre italienne.

M. Mancini, ministre des affaires étrangères, déclara le principe de non-intervention et le parlement approuva.

(1) *Journal Officiel*, 30 avril 1878.

En 1886 une pétition niçoise fut encore adressée à la Chambre des députés qui refusa de l'examiner.

Enfin, en 1891, pour la dernière fois, l'intervention française fut discutée.

A une interpellation de M. de Douville-Maillefeu, M. Ribot, ministre des affaires étrangères, répondit en ces termes.

« Il ne suffit pas de dire à cette tribune que nous avons en quelque sorte un protectorat sur la principauté de Monaco. Ce qualificatif *en quelque sorte* est un peu vague et, en outre, il est en contradiction avec la lettre des traités. La principauté de Monaco est absolument indépendante ; son indépendance a été reconnue, et ce n'est pas la France qui a intérêt à la laisser mettre en doute. »

M. de Douville-Maillefeu déclara ne plus insister et ainsi fut close la discussion.

La souveraineté des Princes de Monaco est donc absolue, indiscutable. Ils agissent chez eux comme ils l'entendent, et il ne nous appartient pas plus de nous plaindre de la maison de jeu que de nous opposer à la création d'un établissement similaire à Lisbonne, à Ostende ou à Spa. Il était indispensable de fixer ce point de droit absolument ignoré en France.

CHAPITRE IX

Les palais du prince et sa cour.

Les trois résidences du prince. — L'hôtel de Paris. — Le palais de Monaco. — Son histoire. — La cour d'honneur. — Le grand escalier. — La galerie d'Hercule. — La salle du trône. — Les appartements particuliers. — Le petit salon. — Une cour d'amour au temps de la princesse Alice. — Les jardins. — La maison du prince : les dames d'honneur, les aides de camp. Le château de Marchais : la légende et l'histoire du château. — Disposition intérieure : les appartements, les objets d'art, la chapelle, la bibliothèque, la chasse du prince et ses invités. — Clémenceau et Jaurès à Marchais. — Comment Albert Ier divertit Guillaume II aux dépens de ses invités.

Le prince de Monaco possède trois résidences : un palais familial à Monaco, un hôtel somptueux, 10, avenue du Trocadero, à Paris, et le magnifique château de Marchais, dans le département de l'Aisne.

L'hôtel de Paris est sans caractère, tout y est moderne; et du reste, Albert Ier y séjourne peu, occupé en Allemagne, quand il ne travaille pas à Marchais

Phot. Numa-Blanc

LE PRINCE ALBERT ET SON FILS LE PRINCE LOUIS

ou à Monaco. Il se repose seulement en mer. A l'heure où je trace ces lignes, le prince est au Spitzberg.

Le palais des Grimaldi à Monaco est imposant à voir du chemin de fer en venant de France ; les grosses tours et la terrasse de ce côté ont beaucoup de caractère, mais du côté de la place, la demeure des princes a l'air d'une vaste bâtisse dépourvue de style. Il faut pénétrer dans la cour d'honneur pour avoir conscience de se trouver dans un palais.

Le château est bâti sur l'emplacement de la vieille façade sarrasine. En 1255, en effet, les Génois y établirent un château féodal composé de cinq tours reliées par un mur d'enceinte haut de 37 pans.

Au seizième siècle, le prince Etienne, tuteur d'Honoré Ier, fit construire la galerie d'Hercule, la galerie des Monnaies, la cour d'Honneur dont nous allons parler.

Le prince Honoré II, en 1604-1662 fit de grands travaux. Du côté de la place, il éleva un corps de bâtiments supportant une façade de deux étages à galeries superposées, et il établit l'entrée du château de ce côté. Au fond de la cour, il édifia la chapelle de Saint-Jean-Baptiste.

Il fit, en outre, orner les salles par des peintres en renom et meubler le château magnifiquement dans le style florentin. Son argenterie, composée de vaisselle plate aux armes des Grimaldi, avait été ciselée en Italie par les orfèvres les plus célèbres, bref le château était devenu une merveille lorsqu'arriva la Révolution française.

Monaco fut incorporé à la République et le palais

saisi comme bien national. On déménagea aussitôt les appartements, et, sous les arcades de la galerie d'Hercule, furent entassés brutalement les délicats meubles florentins en ébène incrusté d'ivoire. Tout fut enlevé, arraché, brisé ; l'argenterie, les tapisseries, les tentures, furent vendus à vil prix. Le palais, d'abord converti en hôpital militaire, devint par la suite le dépôt de mendicité du département des Alpes-Maritimes jusqu'en 1814.

La principauté fit alors retour aux Grimaldi, et le drapeau blanc aux armes fuselées fut de nouveau arboré sur le palais en ruine.

Le prince Honoré V en commença la réparation ; elle fut continuée lentement sous Florestan Ier. Mais c'est Charles III qui ordonna les gros ouvrages et qui termina presque les travaux. En 1855 notamment, il chargea M. Urbain Bosio de restaurer la façade sur la place et d'exécuter la grande façade du midi sur les jardins. C'est à lui qu'on doit, outre les grands travaux au corps de logis, la transformation de la chapelle Saint-Jean-Baptiste. Après Charles III, le prince Albert a fait activement achever tous les projets de son père, et il a meublé le château avec un goût très sûr.

On pénètre dans le palais par une entrée monumentale qui donne accès par la place. Des sentinelles, l'arme au pied, sont placées à droite et à gauche de la porte d'entrée.

Après avoir traversé la voûte, on trouve, à gauche, un petit salon où les visiteurs sont priés d'attendre ; à droite, est la loge où un valet de pied, en grande livrée verte et or, prend les cartes de visite et les demandes d'audience. Lorsqu'on est autorisé à pénétrer dans le palais, on avance par la cour d'honneur. Elle a 45 mètres sur 35 ; sur la façade nord-est se trouvent les fameuses fresques de Cambiaso ; au fond la chapelle Saint-Jean-Baptiste ; devant l'aile ouest, l'escalier d'honneur conduisant aux grands appartements.

Cet escalier monumental est d'une réelle beauté : on l'a du reste comparé très justement à celui du palais de Fontainebleau appelé *le fer à cheval.*

Il est à double révolution et composé de trente marches de 3 mètres de long, toutes taillées d'un seul bloc de marbre de Carrare. Le palier est pavé de mosaïques florentines dues aux maîtres les plus fameux. Le grand escalier d'honneur conduit à la célèbre galerie d'Hercule.

C'est une pièce magnifique, digne de Versailles ; tous les balustres en sont de marbre et sa décoration est l'œuvre des maîtres de la Renaissance. Dans les tympans des treize arcades se trouvent disposées les admirables fresques peintes par Orazio Ferrari, le maître génois, et l'on ne saurait rien imaginer de plus élégant et de plus somptueux à la fois que cette superbe galerie qui sert pour ainsi dire de vestibule aux appartements princiers. Sur la galerie, en effet, s'ouvrent cinq portes monumentales : l'une mène aux appartements privés du prince ; par une autre nous apercevons une suite de onze salons magnifiques. La plus remarquable et la plus intéressante de ces salles est certainement celle du trône. Les

Grimaldi s'y sont fait installer un trône magnifique surmonté d'un baldaquin en velours avec crépines d'or ; et bien que cela paraisse un peu excessif, on ne saurait en blâmer en toute justice Albert Ier, car c'est une tradition déjà ancienne.

Des peintures de grand prix ornent les murs de la splendide salle, entre autres : le portrait d'Albert Ier, par Bonnat, une superbe toile de Largilière représentant Jacques de Matignon, une autre de Louis Fouquet faisant revivre Honoré III. Enfin, le plafond est décoré d'une vaste fresque d'Orazio Ferrari, qui retrace des épisodes de la vie d'Alexandre. En face le trône, se trouve une vaste cheminée renaissance très ornementée.

Les appartements privés de la famille princière occupent sur la place toute l'aile en longueur. Les princes, très épris d'art et d'élégance, les ont fait orner merveilleusement par les maîtres les plus illustres et les ont meublés avec un goût exquis. Sans doute, la Révolution française a détruit ou dispersé les œuvres d'art les plus remarquables, mais on en a retrouvé cependant un certain nombre, et Charles III et le prince Albert ont acquis de fort belles choses et remis tout en état.

Dans l'ancienne salle des gardes, on trouve une belle statue équestre de Jean Grimaldi, le vainqueur de la bataille de Crémone en 1471, et de magnifiques peintures, entre autres : la Leçon de musique du *Giorgione*, et une touchante sainte Famille de Gorudenzio Ferrari.

Sur la place s'ouvre également un salon contigu à

la salle des gardes, où le prince Albert aime à se tenir. On y remarque le portrait d'Honoré II par Philippe de Champaigne et celui de Catherine de Brignollé, femme d'Honoré III, par Raphaël Mengs, le grand maître Allemand.

C'est là que la princesse Alice, presque toujours seule pendant que le prince était en croisière, avait coutume de recevoir les artistes, les lettrés, dont elle avait fait sa compagnie habituelle. M. Gunsbourg, le directeur du théâtre de Monaco, que la princesse avait été prendre à l'Opéra de Nice, lui exposait ses projets, recevait ses conseils. Isidore de Lara faisait entendre ses nouvelles œuvres avec la maëstria et la fougue que l'on sait. Hugues Le Roux parlait voyage, littérature, philosophie.

C'était une véritable cour d'amour, où la princesse était belle, aimable et abandonnée. N'était-ce pas charmant ?

Le palais est entouré de jardins fleuris, entretenus, comme on sait le faire à Nice et à Monaco ; établis par le prince Florestan, ils embrassent les fossés de l'ancien château dont on a gardé les bastions de Seravalle, théâtre de tant de faits d'armes où s'illustrèrent les belliqueux ancêtres de Charles III et d'Albert Ier.

Ce château tragique par les crimes et les amours, qui s'y succédèrent, noble par les illustrations qu'il abrita, entre autres : Charles-Quint, le duc d'York, Napoléon, l'impératrice Eugénie, est un peu négligé depuis qu'il n'y a plus de princesse pour en faire les honneurs.

Du temps de la grand'mère d'Albert Ier, née Mérode, le château était le rendez-vous de toute la grande société du littoral. Mais la duchesse de Richelieu, devenue princesse sérénissime, reçut peu, et il y a donc longtemps que le beau monde ne fréquente plus chez les princes.

Albert Ier donne des dîners où il convie le corps consulaire, les autorités de Nice ; mais ce qu'on appelle le grand monde, la haute société, n'y participent pas.

Pourtant le prince a un personnel de cour nombreux, distingué et de grande élégance. Le chef de sa maison est le comte de Lamotte d'Allogny qui fait en même temps l'office de premier chambellan. C'est un gentilhomme de la plus haute éducation qui ne quitte guère le prince ; il connait admirablement le monde parisien, les affaires politiques et diplomatiques du prince, et se montre d'un abord facile et aimable aussi bien à Paris qu'à Monaco.

Les conseillers privés, MM. Emile Bernich, Louis Mayer, et Gaston Moch, eux, s'occupent exclusivement des affaires de la principauté, et restent à la Cour d'une façon constante. Les dames d'honneur et du palais sont la comtesse Gastaldi, Mlle Ethel Olive et la comtesse Cécile Gastaldi ; depuis la séparation du prince avec la princesse Alice, le rôle de ces dames est purement nominal. Les aides de camp du prince sont au nombre de cinq ; ce sont eux qui se trouvent le plus souvent auprès d'Albert Ier lorsqu'il reçoit et leur service est bien plutôt celui de chambellan que d'officier.

Le premier aide de camp est le colonel comte d'Orémieux, les autres sont le colonel Bellando de Castro, M. le commandant Air, le chef d'escadron Alban Gastaldi et le lieutenant de vaisseau Henri Bourrée.

C'est ce dernier qui est le plus en faveur et que le prince garde plus souvent près de lui. Mais tout est ordonné dans l'entourage du prince avec la régularité habituelle des cours : chacun des personnages plus haut cités fait son service à tour de rôle auprès du prince pendant quinze jours, soit à Monaco, soit à Paris, soit à Marchais, le château où les princes passent l'été, et dont nous allons parler.

Le château de Marchais, qui est la demeure d'été des princes de Monaco, est, certainement, de toute la région du nord-est, le plus somptueux et le plus élégant palais. C'est une terre historique dont l'origine est légendaire : Les trois chevaliers de Coucy ayant quitté leur donjon pour se croiser revinrent accompagnés de la princesse Ismerie et porteurs de la statue miraculeuse de Notre-Dame de Liesse. Ils instaurèrent là une formidable citadelle pour la défense de leur trésor religieux. Ce fut au seizième siècle que Nicolas de Bossut, devenu riche après avoir ravagé le Brabant, rasa la dite forteresse et entreprit la construction de ce magnifique château renaissance où il reçut François Ier en 1346. Mais les somptuosités de Nicolas de Bossut avaient fait des jaloux et, impliqué dans le procès de Jacques de Coucy qui avait vendu Boulogne aux Anglais, il n'échappa au gibet qu'en cédant gracieusement son superbe château à Charles de Lorraine, archevêque de

Reims. Charles de Lorraine rendit la riche demeure plus somptueuse encore, afin d'y offrir une hospitalité digne d'eux au roi de France et aux princes qui se rendaient fréquemment en pèlerinage à Notre-Dame de Liesse. C'est ainsi que Charles de Lorraine reçut avec une pompe princière le roi Henri II, Catherine de Médicis et ses trois fils accompagnés de François de Lorraine, frère du cardinal, et tous leurs courtisans. Un vaste tableau, disposé au-dessus de la porte du salon, remémore cet événement considérable; on y remarque le cardinal de Lorraine, son neveu le cardinal de Guise et les cardinaux de Vendôme et de Tournon. C'était pendant les plus beaux jours qu'avait lieu cette visite royale et le château et le parc furent singulièrement animés par la cour la plus élégante, la plus fastueuse et la plus raffinée qui existât alors en Europe. Henri II, après la prise de Thionville, revint à Marchais et y reçut en grande pompe la visite de Guillaume de Saxe. François II, Charles IX s'y rendirent. Aussitôt le sacre accompli, Marchais devenait l'étape naturelle des rois, après Reims. Le cardinal de Lorraine fit à ces deux rois l'accueil le plus charmant. Ils y trouvèrent tous les plaisirs de la chasse et de la cour et Marchais devint le séjour aimé des Valois. Charles IX, après son couronnement, accourut à Marchais et il s'y reposa toujours, lors de ses nombreux pèlerinages au sanctuaire de Liesse. Il fut souvent accompagné de la reine-mère et du cardinal de Bourbon. Charles IX avait, en effet, grande dévotion à Notre-Dame et venait l'implorer à l'occasion des troubles du royaume.

Enfin c'est dans ce château fameux, dans le salon actuellement existant, que la ligue de défense catholique prit naissance et Henri de Guise y réunit ses premiers adhérents et tint conseil là où M. Clemenceau, hier encore, venait disserter sur l'anticléricalisme et où, peu auparavant, M. Jaurès prenait connaissance de la lettre de Pie X, qui, livrée au journal *l'Humanité*, fut la cause efficiente de la rupture. Après la mort du cardinal, survenue en 1554, la somptueuse demeure fut quelque peu délaissée; mais, en 1612, la reine-mère, s'acheminant vers le sanctuaire de Liesse, s'établit pendant quelques jours au château qui appartenait alors à la duchesse de Joyeuse, femme de Charles de Lorraine, duc de Guise, Marchais retrouva soudain toute la vie et tout le luxe d'antan. Cependant l'élégant palais, qui n'avait dû son éclat qu'à la maison de Lorraine et à l'hospitalité royale, fut abandonné jusqu'en 1821, où fidèle à ses antiques traditions, il rouvrit ses portes devant une princesse du sang : S. A. R. la duchesse de Berry se rendant à Liesse pour remercier la Vierge de lui avoir accordé Henri-Charles-Dieudonné, duc de Bordeaux, suprême héritier de la branche aînée de la maison de France.

Le château fut rapidement mis en état de recevoir la princesse royale, qui, au milieu des plus brillantes réceptions, passa toute une semaine à accueillir la noblesse de la région. Quelques années après, le château était acheté par M. le comte Delamarre, le grand éleveur, qui, non seulement, le fit réparer, mais le remplit de meubles précieux, d'œuvres d'art choisies, de tapisseries, de tableaux et de livres d'un grand prix. Les jardins, le parc, les rivières, les pièces d'eau, tout fut aménagé avec une somptuosité digne des princes lorrains. Marchais était donc dans l'état le plus brillant, lorsque le prince Charles III s'en rendit acquéreur en 1864. Le prince n'a fait que continuer les embellissements de ce beau domaine et d'y suivre les traditions de la plus large hospitalité.

Le château est placé au milieu d'un parc des plus gracieux, entouré de belles eaux et encadré de splendides futaies. Remarquable par ses proportions et son élégance architecturale, il est plus admirable encore par les richesses artistiques qu'il possède. Marchais n'est pas seulement un des plus beaux châteaux du Nord de la France, il ne craint pas la comparaison avec ceux des bords de la Loire. Construit en briques et en pierre, accompagné de deux ailes terminées par des pavillons flanqués d'élégantes tourelles, il apparaît de loin avec un air de grandeur et de majesté princière qui impose. On parvient au château par de belles avenues ombragées par des arbres séculaires en contournant un parc merveilleux dont l'accès est défendu par des douves larges et profondes. Quant à l'habitation elle est élégante dans son architecture, et somptueuse dans ses dispositions intérieures. Le rez-de-chaussée se compose au centre d'une salle des gardes, à droite d'une belle bibliothèque ornée de magnifiques boiseries, et d'une vaste salle à manger et, à gauche d'un billard et d'un salon tendu de damas rouge. Dans les corridors sur lesquels s'ouvrent les appartements, les murailles sont couvertes de tapisseries flamandes à petits personnages, et les chambres sont pleines de meubles de style des différentes époques. Au fond sont les appartements des princes. On y montre plus particulièrement la chambre où coucha François II, et aussi le lit réservé à Louis XIII. C'est dans cette dernière chambre qu'on remarque le superbe cabinet Florentin aux riches incrustations qui représente la Cour de Louis XIII, c'est un bijou dont le prix ne saurait s'évaluer. Ce qu'il y a peut-être de plus remarquable encore, ce sont les portraits en pied des plus illustres visiteurs de Marchais, François Ier en Dauphin, Henri II, François II, Charles IX, le connétable de Montmorency, François, duc de Guise, Marie Stuart, par Probus le jeune ; le portrait du duc de Guise au visage fin et railleur est une merveille, comme le portrait du grand Condé un véritable chef-d'œuvre.

Dans l'aile droite, au premier étage, est la chapelle où l'on admire une Annonciation d'une grande finesse. Le prince Albert a contribué lui aussi à enrichir la noble demeure de quantité de beaux meubles, mais c'est surtout à sa bibliothèque qu'il a fourni les livres les plus rares. Tous ces ouvrages sont classés avec un ordre parfait, et un soin particulier qui donnent l'idée exacte de la précision toute administrative avec laquelle est organisée la vie du prince. On retrouve du reste à Marchais dans le parc, l'ordre et les soins parfaits qu'on remarque dans les jardins merveilleux de la principauté. Il n'est point de palais en Europe qui soit tenu sur le même pied que Marchais. La livrée verte et or du prince les chevaux, la vénerie, tout cela est d'une correction et d'une richesse que dépasse seulement le train d'Edouard VII ou de monseigneur le duc d'Orléans. Voilà donc les deux magnifiques demeures où le prince Albert réside l'été et l'hiver; mais à tout cela il préfère son yacht, et le bercement des flots loin des Cours, loin des diplomaties, loin du monde qu'il déteste en savant et en misanthrope.

Le prince de Monaco ne reçoit maintenant à Marchais qu'à l'occasion de la chasse, et il réserve ses magnifiques tirés aux personnages distingués du gouvernement. Jaurès, Clemenceau, Pichon, Millerand sont les hôtes de choix de Son Altesse, le moins démocrate des princes, et qui a gardé de son passage à la cour d'Espagne le souci extrême de l'étiquette.

Rien n'est drôle, paraît-il, comme le sourire bizarre d'Albert quand les grands hommes de la troisième république manquent aux plus élémentaires usages. Il demeure imperturbable cependant, habitué qu'il est à dissimuler ses moindres impressions, mais à la Cour de Guillaume, il se venge cruellement et on cite de lui des mots terribles que nous ne répéterons certes pas pour ne le point brouiller avec Clemenceau.

Le prince a un chef de cabinet tout à fait aimable et d'une remarquable intelligence, M. Georges Jaloustrse. Il est très précieux au prince qui l'emmène dans ses déplacements, en Allemagne, car il a toute sa confiance.

Tout ce personnel nombreux dont j'ai parlé est de

la meilleure tenue, les uniformes sont de la plus grande richesse et les décorations de tous pays, surtout de France, couvrent les poitrines dorées. En somme comme décor cette petite cour est une des plus somptueuses de l'Europe.

CHAPITRE X

Le prince Albert Ier épouse la duchesse de Richelieu

Le prince Albert rencontre la duchesse à Madère. — Il s'en éprend et l'épouse à la mort de Charles III. — Le mariage civil à la légation à Paris et à la mairie du VIIIe. — Acte officiel du mariage. — La cérémonie religieuse à la nonciature. — Les princes partent pour Marchais. — Les princes à Monaco. — Manifestations enthousiastes. — Les fêtes de l'arrivée. — Les discours. — L'illumination. — Le feu d'artifice. — Le consul de France remet au prince la grand'croix de la Légion d'honneur. — Le *Te Deum*. — La princesse Alice au palais. — Elle favorise les arts. — Elle fait largement la charité. — Elle ne peut s'habituer à l'isolement où la laisse Albert. — Premiers dissentiments. — La séparation.

Après l'annulation de son mariage avec la princesse Hamilton, le prince Albert put donner libre cours à son goût pour la navigation. A l'un de ses passages à Madère, il avait rencontré la duchesse de Richelieu qui hivernait chaque année dans ce délicieux pays, et fréquenté assidûment les salons de la jeune et élégante femme.

La duchesse, alors dans tout l'éclat de sa merveilleuse beauté blonde, avait toutes les qualités de l'esprit et du cœur, le prince s'éprit follement d'elle et comme elle était veuve il résolut de l'épouser.

Le mariage était à peu près décidé lorsque Charles III mourut, aussi le premier acte du prince régnant fut-il de solliciter la main de la duchesse qui était la femme rêvée pour faire les honneurs d'un palais princier.

Le mariage de S. A. S. le prince Albert Ier avec Mme la duchesse de Richelieu fut donc célébré à Paris dans les journées des 30 et 31 octobre 1889.

En raison de son grand deuil, le prince avait tenu à ce qu'aucune pompe extérieure ne fût donnée aux cérémonies.

Le mercredi 30, les formalités du mariage civil furent remplies à la légation de Monaco pour S. A. S. et à la mairie du VIIIe arrondissement pour Mme la duchesse de Richelieu.

Un service d'ordre avait été organisé par la préfecture de police aux abords de la légation ; le drapeau princier blanc avec les armes fuselées des Grimaldi était arboré au balcon.

A 2 heures de l'après-midi, le prince, accompagné de S. A. S. Mgr le prince héréditaire, fut reçu au bas de l'escalier par S. E. M. le baron du Charmel, envoyé extraordinaire et ministre plénipotentiaire de Monaco près la République française, et par M. Depelley, secrétaire de la légation.

S. A. S. devançait de quelques minutes Mme la duchesse de Richelieu qui fut accueillie avec le même cérémonial.

S. E. le baron du Charmel, assisté de M. Depelley, procéda au mariage suivant la loi monégasque.

Le baron de Farincourt, gouverneur général de la principauté, et le lieutenant-colonel de Castro, aide de camp du prince, étaient les témoins d'Albert Ier ; M. le marquis de Nadaillac et M. le duc de Rivoli, ceux de Mme la duchesse de Richelieu.

A l'issue de la cérémonie, S. E. M. le baron du Charmel prononça les paroles suivantes :

« Madame, permettez-moi de vous offrir de suite nos plus respectueuses félicitations. S. A. S. par sa vaillance bien connue, par ses admirables découvertes scientifiques, par ses travaux si utiles au monde entier est la gloire de son pays.

« Vous y joindrez, Madame, la bonté, le charme et la grâce devant lesquels les Monégasques seront heureux et fiers de s'incliner, comme je le fais en ce moment au nom de tous les sujets de la principauté. »

M. et Mme Heine, père et mère de la duchesse de Richelieu, M. Georges Heine ; son frère ; le comte de la Motte d'Allogny, chambellan, et M. G. Saige, conseiller d'État, étaient seuls présents à la légation.

Le mariage à la mairie du huitième arrondissement suivit aussitôt. Par une délicate attention que remarqua la princesse Alice, la municipalité, tout en conservant à la cérémonie son caractère d'extrême simplicité, avait pris soin d'orner de tentures, de fleurs et de plantes le vestibule de la grande salle des mariages.

M. Denis Puech travaillant au monument du prince
qui sera érigé à l'Institut océanographique

Les témoins étaient les mêmes qu'au mariage de la légation.

Voici du reste l'acte officiel de ce mariage:

Préfecture de la Seine. — Extrait des minutes des Actes de Mariage du Huitième arrondissement de Paris, 1889.

L'an mil huit cent quatre-vingt-neuf, le trente octobre, à trois heures du soir.

Acte de mariage de :

Son Altesse Sérénissime Monseigneur Albert-Honoré-Charles Grimaldi, prince souverain de Monaco, commandeur de la Légion d'honneur, né à Paris le treize novembre mil huit cent quarante-huit, domicilié à Paris, rue Saint-Guillaume, n° 16, précédemment marié à Madame la Princesse Marie-Victoire de Douglas-Hamilton, fils majeur de Son Altesse Sérénissime Monseigneur Charles-Honoré Grimaldi, prince de Monaco, duc de Valentinois, grand d'Espagne de 1re classe, décédé, et de Antoinette-Ghislaine, comtesse de Mérode, son épouse, décédée, petit-fils d'aïeuls paternels décédés ;

Le futur époux et les témoins du présent acte, lesquels affirment connaître le futur époux, déclarant chacun avec serment que ses ascendants maternels sont décédés en Belgique, sans qu'il leur soit possible de préciser autrement le lieu de leur décès ; d'une part;

Et de Marie-Alice Heine, née à la Nouvelle-Orléans (États-Unis d'Amérique) le dix février mil huit cent cinquante-sept, sans profession, domiciliée à Paris, rue du Faubourg-Saint-Honoré, n° 25, veuve de Marie-Odet-Richard-Armand Chapelle de Jumilhac, duc de Richelieu, duc de Fronsac, marquis de Jumilhac, décédé le vingt-huit juin mil huit cent quatre-vingt à Athènes (Grèce), fille majeure de Michel Heine, âgé de soixante-sept ans, banquier, et de Marie-Amélie Miltinberger, son épouse, sans profession, demeurant ensemble à Paris, avenue Hoche, n° 21, présents et consentants ; d'autre part ;

Dressé par nous, Paul-Ernest Beurdeley, chevalier de la Légion d'honneur, officier de l'Instruction publique, maire, officier de l'état civil du huitième arrondissement de Paris, qui avons procédé publiquement en la mairie à la célébration du mariage dans la forme suivante :

Après avoir donné lecture aux parties : 1° de leurs actes de naissance ; 2° des actes de décès de la mère du futur époux et de son père, établissant au surplus le décès de ses aïeuls paternels ; 3° de l'acte du premier mariage du futur époux contenant transcription de la décision souveraine qui a dissous ledit mariage et qui a été rendue exécutoire en France par jugement du Tribunal civil de la Seine en date du vingt-sept août mil huit cent quatre-vingt ; 4° de l'acte de décès du précédent conjoint de la future épouse ; 5° des actes des publications faites en cette mairie et en celle du septième arrondissement de Paris les dimanches vingt et vingt-sept octobre courant, sans opposition, et toutes les pièces sus-mentionnées dûment paraphées ; 6° du chapitre VI du livre Ier du Code Civil (titre du Mariage) sur les droits et devoirs respectifs des époux ;

Après avoir interpellé les futurs époux et le père et la mère de la future épouse, lesquels nous ont déclaré qu'il a été fait un contrat de mariage le vingt-neuf octobre courant devant Me Bertrand, notaire à Paris, qui en a délivré certificat, à nous produit,

Nous avons demandé aux futurs époux s'ils veulent se prendre pour mari et pour femme.

Et chacun d'eux ayant répondu affirmativement et séparément à haute voix, nous avons prononcé au nom de la loi que :

Son Altesse Sérénissime Monseigneur Albert-Honoré-Charles Grimaldi, prince souverain de Monaco, et Marie-Alice Heine sont unis par le mariage.

En présence de :

Louis-Anatole de Veron, baron de Farincourt, gouverneur général de la principauté de Monaco, chevalier de la Légion d'honneur, officier de l'ordre de Saint-Charles de Monaco, âgé de soixante et un ans, domicilié à Monaco.

Lucien Bellando de Castro, lieutenant-colonel d'état-major, aide de camp de Son Altesse Sérénissime le prince de Monaco, officier de l'ordre de Saint-Charles de Monaco, domicilié à Monaco.

Jean-François-Albert du Pouget, marquis de Nadaillac, membre correspondant de l'Institut, chevalier de la Légion d'honneur, âgé de soixante et onze ans, domicilié à Paris rue Duphot, n° 18, oncle de l'épouse.

Et Victor Massena, duc de Rivoli, ancien député, âgé de cinquante-trois ans, domicilié à Paris, rue Jean-Goujon, n° 18, cousin de l'épouse,

Témoins qui ont signé avec les époux, les père et mère de l'épouse, et nous, après lecture :

(Signé) Albert, prince de Monaco ; Alice Heine, duchesse de Richelieu ; Michel Heine ; Amélie-M. Heine ; Louis, prince héréditaire de Monaco ; baron de Farincourt ; Nadaillac ; de Castro ; Victor, duc de Rivoli ; P. Beurdeley.

Les formalités ainsi accomplies, M. Beurdeley, maire du VIIIe arrondissement, s'exprima en ces termes :

« Monseigneur, nous avons reçu Votre Altesse Sérénissime dans cette mairie sans aucun cérémonial et nous n'avons rien changé à la simplicité égale pour tous de notre cérémonie du mariage civil.

Permettez-moi de vous remercier d'avoir fait appel à la loi française pour consacrer votre union. Ami des sciences, des arts et des lettres, vous n'êtes étranger ni à nos idées, ni à nos sentiments. Spontanément vous avez adhéré à l'Exposition Universelle de 1889 où votre industrieux pays était si bien représenté. Il me semble que votre mariage contracté devant un officier de l'état civil français doit resserrer les liens d'une amitié commune, et qui remonte à une époque plusieurs fois séculaire.

Madame, je vous féliciterai de votre élévation au rang de princesse souveraine, parce que je vous sais bonne, douce, et bienfaisante et que, placée plus haut, vous pourrez répandre plus loin vos bienfaits.

Votre mariage vous impose un grand devoir. Dans d'autres pays, le pouvoir du prince est tempéré par des institutions constitutionnelles ;dans la principauté de Monaco, il le sera, à la fois, par la sagesse et par la bonté.

Recevez, prince et princesse, les vœux que forme, pour votre bonheur et pour le bonheur de votre peuple, la municipalité du VIIIe arrondissement de Paris. »

Ce fut le jeudi 31 octobre, à onze heures qu'eut lieu la cérémonie religieuse à la chapelle de la nonciature apostolique, rue de Varennes.

Le Président de la République s'était fait représenter par le commandant Chamoin.

Le prince Albert Ier, portant le grand-cordon de l'ordre de Saint-Charles et la croix de commandeur de la Légion d'honneur, le prince héritier, portant le grand-cordon de l'ordre pontifical de Pie IX, furent reçus au bas du grand escalier par Sa Grandeur l'évêque de Monaco, et par Mgr Celli, secrétaire de la nonciature.

Madame la duchesse de Richelieu fut également reçue avec le même cérémonial.

A onze heures, l'assistance prit place dans la chapelle de la nonciature dans l'ordre suivant :

Au milieu, en avant de l'autel, deux prie-Dieu avaient été disposés pour le prince et Mme la duchesse de Richelieu.

Un troisième prie-Dieu était disposé en arrière pour S. A. S. le prince héréditaire. Du côté de l'évangile se trouvait le fauteuil du représentant du Président de la République.

Du côté de l'épître celui du nonce apostolique,

A droite se tenaient ses témoins S. E. le baron de Farincourt et le lieutenant-colonel de Castro, puis le baron du Charmel, ministre de Monaco à Paris, M. Depelley, M. Saige et M. Bouisson, magistrats ou diplomates de Monaco.

A gauche de Mme la duchesse de Richelieu, ses témoins, M. le marquis de Nadaillac, et M. le duc de Rivoli;

M. et Mme Heine;

Le jeune duc de Richelieu;

Sa sœur, Mlle de Richelieu.

En face de l'autel avaient été disposés des sièges pour les membres de la famille de la duchesse et pour M. Ponsard, secrétaire des commandements de Son Altesse.

M. le comte de Lamotte, chambellan, faisait fonction de maître des cérémonies.

Mgr Rotelli, nonce apostolique, a prononcé le remarquable discours que nous reproduisons en partie seulement.

Après avoir rappelé le caractère auguste du

mariage chrétien et les exemples que les peuples attendent de leurs souverains dans la pratique des vertus chrétiennes, Son Excellence a salué dans S. A. S. le prince Albert Ier le digne héritier de cette antique race des Grimaldi toujours fidèle au Saint-Siège à travers les siècles; elle a particulièrement excité l'émotion de l'auditoire en rappelant l'affection du Pape Léon XIII pour le prince Charles III dont tous déploraient la perte. « Que Votre Altesse Sérénissime, a dit Son Excellence le nonce, veuille bien me permettre de la féliciter respectueusement du choix qu'elle a fait, et que *la bénédiction de son Auguste père a pleinement et pieusement ratifié.*

Les enseignements de la douleur comme les mystères de la science, ne vous sont point inconnus, Monseigneur, mais l'épouse que vous avez choisie sera l'ange consolateur de votre existence. Elle vous apporte la tranquillité, la paix, le bonheur puisqu'il est écrit : *mulieri bonæ beatus vir !*

Et vous, Madame, vous qui, par cette heureuse union avec le prince souverain de Monaco, alliez à l'histoire des Grimaldi le nom illustre de Richelieu, vous comprenez assurément toute la portée de la haute et douce mission qui vous est confiée ! Les vertus domestiques et sociales, tradition honorée et charitable de votre famille, les qualités éminentes par lesquelles vous avez encore rehaussé l'éclat du nom que portent vos chers enfants, les heureux dons que vous tenez de la nature et de la grâce; vous devez désormais tout employer pour rendre heureux votre auguste époux et coopérer au bonheur vrai de son peuple.

Il est le père de vos sujets, vous en serez la mère. Il est la tête et le bras pour les gouverner et les défendre. Vous serez le cœur bienveillant pour les attirer; vous serez l'œil vigilant pour venir en aide à leurs besoins. »

Un mot paternel adressé au jeune prince héritier termina cette superbe allocution. Le nonce reçut ensuite le consentement des époux, et donna la bénédiction nuptiale.

Après la messe dite par l'évêque de Monaco, le prince et la princesse furent complimentés dans le salon de la nonciature par le nonce apostolique et le représentant du président de la République. Une dépêche de S. S. Léon XIII, témoignant la sympathie du souverain pontife aux nouveaux époux, fut communiquée au prince par le nonce.

A leur départ, leurs Altesses Sérénissimes furent accompagnées jusqu'au bas du grand escalier par le nonce et les évêques.

Aussitôt après cette cérémonie grandiose, les époux partirent pour le château de Marchais où ils demeurèrent tout l'automne, malgré l'insistance très vive des habitants de Monaco qui avaient grande hâte de saluer la nouvelle souveraine. Enfin, le 7 janvier, une proclamation du gouverneur général apprit que le prince Albert, la princesse Alice et le prince héréditaire arriveraient à Monaco le 12 janvier, à 2 heures de l'après-midi, et que le lendemain, à 2 heures un *Te Deum* solennel serait chanté à la cathédrale en présence de leurs Altesses Sérénissimes.

En effet, les journées des 12 et 13 janvier 1890 doivent compter au nombre des fastes de Monaco. L'arrivée du prince Albert et de la princesse Alice fut l'occasion d'une des plus chaleureuses manifestations qu'il fut donné de voir.

Le prince, la princesse et le prince héréditaire firent leur entrée le dimanche 12 janvier par un soleil radieux.

Le ciel, couvert la veille, s'était pendant la nuit débarrassé de ses nuages comme pour prouver qu'il s'associait à la fête. La foule était immense dans l'avenue de la gare et aux abords de la station.

A 2 heures précises, le train spécial entrait dans la gare de Monaco et le canon annonçait l'arrivée.

Le salon princier était tendu de draperies rouge et or, une marquise s'avançait sur le quai tout pavoisé de drapeaux aux couleurs monégasques.

Le baron de Farincourt reçut leurs Altesses, la comtesse Gastaldi offrit à la princesse un superbe bouquet, les hauts fonctionnaires et les dignitaires de la cour étaient présents.

Le prince était en uniforme de capitaine de frégate de la marine espagnole. La princesse portait une ravissante toilette gris-perle et plumes. Le prince héréditaire était décoré du grand-cordon de Saint-Charles.

Leurs Altesses, à la sortie de la gare, furent acclamées par la foule. Les carabiniers, en grand costume, faisaient le service d'honneur dans la cour. Les princes montèrent dans une calèche à quatre chevaux attelée à la daumont précédée d'un piqueur ; plusieurs voitures menaient la suite.

Une première halte eut lieu sur la place d'armes où deux phares ornés de verdure, reliés par des guirlandes de drapeaux et d'oriflammes, formaient un portique. La princesse daigna y recevoir un bouquet offert par un groupe de douze jeunes filles vêtues de blanc avec écharpes rouges et blanches, au nom de la Société des régates.

Le cortège princier se dirigea ensuite vers le palais en suivant l'avenue de la Porte-Neuve. De toutes parts éclatent les cris : Vivent les princes ! Vive la princesse. Les détonations du canon se mêlent aux acclamations.

Le coup d'œil était féerique, l'avenue et toutes les rues de la Condamine étaient pavoisées merveilleusement.

Enfin, les équipages pénétrèrent sur la place du Palais. Les souverains mirent pied à terre à l'arc de triomphe, véritable monument de verdure dont les quatre côtés étaient entourés de drapeaux, d'écussons, de médaillons. Un immense *velum* retombait en gracieuses draperies aux quatre angles de l'édifice, au centre était la couronne princière.

Là, se trouvaient réunis les membres de la commission municipale, ayant à leur tête M. le comte Gastaldi, maire, et ses adjoints. A droite, le clergé, à gauche le tribunal supérieur, les autorités civiles et militaires, les fonctionnaires ; puis, sur deux rangs, entre l'arc de triomphe et le palais, le comité monégasque et les sociétés locales.

Les gardes d'honneur formaient la haie sur le passage du cortège.

M. le maire de Monaco recevant les princes, leur adressa l'allocution suivante, en présentant à Albert Ier les clefs de la ville.

« Monseigneur, Madame,

En remettant au souverain de Monaco, les clefs de l'antique forteresse qui fut le berceau et la gloire des Grimaldi, j'ai l'insigne honneur, comme premier magistrat de la cité, interprète du Corps municipal et de la population tout entière, de déposer aux pieds de Vos Altesses Sérénissimes, l'hommage des sentiments de fidélité et de dévouement qui nous animent.

Je suis heureux et fier du privilège que me réserve en cette circonstance solennelle, la prérogative de ma charge, d'offrir à vos augustes personnes nos vœux de bonheur et d'exprimer la joie que nous éprouvons en vous voyant arriver au milieu de nous.

Ce jour est un jour de fête dont le souvenir restera à jamais gravé dans nos cœurs. »

Mlle Gastaldi, fille du maire, offrit ensuite à la princesse un superbe bouquet ; elle fit, au prince, un compliment charmant qui mérite d'être cité.

PRINCESSE,

Que peuvent vous dire des enfants en vous offrant ces fleurs ? Nous voyons que vous êtes belle, nous savons que vous êtes bonne. Restez toujours parmi nous; vous y serez l'ange tutélaire, la fée bienfaisante dont on nous parle au foyer dans les veillées du soir.

PRINCE,

On nous dit de toutes parts que vous êtes un grand savant; en ceci vous ajoutez un nouveau fleuron au diadème des Grimaldi, nous y applaudissons surtout en voyant à côté de vous, notre Prince héréditaire plein de jeunesse et de force,qui déjà se montre si digne de son père. Mais ce que nous sentons mieux en ce moment, ce qui nous va droit au cœur c'est le don que vous nous faites en la personne de notre Sérénissime princesse, de la plus gracieuse des souveraines. Laissez-nous vous dire qu'en retour de ce joyau sans prix vous êtes pour nous à dater de ce jour Albert le Bien-aimé. Régnez longtemps, bien longtemps, toujours heureux et bénis du ciel.

Les princes ont embrassé les jeunes filles et remercié chaleureusement la population de l'accueil qui leur était fait.

Dans le palais, les princes furent reçus par leurs maisons civile et militaire. Monseigneur l'évêque, grand-aumônier,leur souhaita la bienvenue, puis ils se rendirent dans la salle Grimaldi où le comité international organisateur des fêtes offrit à S. A. S. Mme la princesse Alice, un éventail en éçaille blonde orné de brillants. Sur une des faces de ce joyau artistique, est peinte une allégorie représentant une femme semant des fleurs sur la principauté. Sur l'autre côté des fleurs. Le chiffre de la princesse était composé de brillants sertis sur la principale branche de l'éventail.

Ce souvenir fut présenté sur un coussin de peluche rose, par deux jeunes monégasques Mlles Louise Casanova et Joséphine Lovelto, vêtues de blanc avec écharpes de moire blanches et rouges ; les jeunes filles ont prononcé un court et charmant compliment.

M. Pierre Neri, président du comité international, pria la princesse de vouloir bien agréer le présent des étrangers habitant Monaco, et offrit en même temps leurs respectueux hommages et leurs vœux de bonheur.

Albert Ier remercia chaleureusement le comité international, puis les princes se rendirent dans le salon des glaces où étaient réunies Mesdames la baronne de Farincourt, de Lattre, de Sainte-Croix, de Castro et Dugué de Mac Carthy que leurs Altesses daignaient accueillir de la façon la plus aimable.

On avait réuni dans ce salon un grand nombre de bouquets et de paniers garnis de fleurs adressés de toutes parts à la princesse.

Parmi ces merveilles, nous devons citer, placé sur un chevalet, garni de satin blanc, un admirable coussin de fleurs, partie violettes foncées et partie roses rouges et muguets, qui avait été déposé au palais avant l'arrivée des princes. Ce bouquet frangé de rubans tricolores dont les flots ressortaient aux quatre coins était offert à la princesse par les résidents français.

Sur la partie composée de violettes, était déposée une gerbe d'orchidées nouée par une écharpe azurée, sur laquelle étaient brodées avec art, les armoiries des Grimaldi avec cette dédicace :

A S. A. S. La princesse Alice.

Hommage de la colonie française,

12 janvier 1890.

Une adresse était jointe, signée, au nom du comité, par son président, M. Valentin. En voici le texte :

MONSEIGNEUR, MADAME,

Les membres de la colonie française se font un devoir de présenter à Vos Altesses Sérénissimes leurs félicitations d'heureux avènement, leurs vœux les plus ardents, pour la longue durée et la prospérité de votre règne, et l'expression de leur profond dévouement.

Reconnaissants de l'hospitalité bienveillante qu'ils ont reçue dans ce pays, devenu pour eux comme une seconde patrie, ils sont heureux de saluer l'avènement d'un prince dont les travaux personnels ont jeté un si vif éclat et ajouté encore à la gloire de son illustre famille, d'un prince qui aime la France et que la France honore.

MADAME,

Les Français résidant à Monaco sont fiers de voir s'asseoir sur le trône glorieux des Grimaldi une Française précédée par la réputation de ses hautes vertus, de sa bonté, de sa grâce.

Vous êtes, Madame, la souveraine digne de présider avec votre auguste époux aux destinées de ce beau pays, et vous serez la princesse la plus aimée et la plus bénie.

Les Français, en vous offrant ces modestes fleurs, vous offrent aussi l'hommage de leur respectueux attachement et prient Dieu de vous donner tout le bonheur que vous méritez si bien.

Le soir un dîner réunissait au palais tous les hauts personnages de la cour monégasque et les principaux fonctionnaires.

La fête reprit à huit heures. La décoration et l'illumination de la place furent splendides. L'arc de triomphe tout de feu, vu de la route de Nice, à Saint-Antoine et au cap d'Aglio produisait un effet féerique.

Sur une estrade, à gauche de l'arc de triomphe, avaient pris place les chanteurs de la société chorale, les dames et les jeunes filles des chœurs, les artistes de l'orchestre du casino, en tout deux cents exécutants.

Le concert commença par la *Marche nationale*.

Puis les chœurs accompagnés par l'orchestre firent entendre la valse chantée : « *Egayez-vous, Monégasques charmantes* » et enfin la *Cantate* à leurs Altesses Sérénissimes, spécialement écrite par le maître de chapelle du palais.

Des acclamations enthousiastes succédèrent aux applaudissements répétés, et des cris et des vivats éclatèrent de toutes parts. Une retraite aux flambeaux termina cette première et radieuse journée.

Le lendemain 13 janvier, à 1 heure et demie, M. le vicomte de la Merlière, consul de France, arrivait au palais dans une voiture de la cour et remettait au prince Albert, les insignes de grand-croix de la Légion d'honneur et une lettre autographe de M. le président de la République.

A deux heures, les autorités et fonctionnaires prennent place à la cathédrale où déjà étaient réunies les diverses sociétés locales. Dans le transept, à droite, des sièges étaient réservés aux membres du corps consulaire. La basilique était pavoisée avec beaucoup de goût. Les nefs latérales étaient trop étroites pour contenir la foule.

Les princes furent reçus à leur arrivée par Monseigneur l'évêque qui s'exprima en ces termes.

MONSEIGNEUR,

En pensant à tout ce que vous êtes et au peu que je suis, je me sens profondément ému et fier aussi de l'honneur qui me revient de vous recevoir aujourd'hui comme souverain dans cette basilique où vous venez témoigner solennellement de votre foi au Dieu de vos pères, affirmer que toute autorité vient de lui, que lui seul a le droit de commander aux rois et aux peuples et mettre votre règne qui commence sous sa puissante et séculaire protection. Ainsi ont fait les souverains vos ancêtres, pendant les neuf siècles qui se sont écoulés; confiants dans leur épée, ils comptaient encore plus sur l'aide de Dieu et voilà pourquoi ils avaient inscrit sur leur écu : *Deo juvante*.

Ici, à son tour, sinon dans la même enceinte sacrée, du moins sur le même sol, est venu s'agenouiller et prier votre illustre et regretté père au jour de son avènement et Dieu sait, vous savez et nous savons tous, combien glorieux fut son règne : et je ne répondrais pas aux sentiments de votre piété filiale si je ne disais qu'il a relevé le prestige de la principauté, qu'il lui a donné toutes les prospérités, qu'elle lui est redevable de son autonomie religieuse et politique, qu'il l'a fait entrer dans le concert des nations, qu'il a été honoré des souverains les plus considérables, qu'il a joui de l'amitié du plus grand pape des temps modernes, en un mot, qu'il mérite à tous les titres le nom de second fondateur de la principauté.

Et, si je n'avais évoqué le grand nom de Charles III, les pierres et les marbres, les colonnes et les voûtes de cette cathédrale, le chef-d'œuvre de son règne, l'auraient proclamé. J'admire, monseigneur, comment, de complicité avec la Providence, il a voulu que vous y ayiez votre part et que vous y mettiez le couronnement au début même de votre règne. Lors donc que dans les siècles futurs on contemplera ce monument aux lignes architecturales si pures, inspirateur du sentiment religieux, aussi inébranlable que le roc sur lequel il repose, un des plus beaux des temps modernes, on dira : il a été élevé à la gloire de Dieu qui protège la principauté par deux grands princes Charles III et Albert Ier.

Qu'il est beau l'héritage qui vous est échu ! Je crois, est-ce un rêve ? Est-ce une ambition immodérée pour le pays que j'aime et que je sers depuis trente ans ? Je crois qu'une ère nouvelle va commencer et qu'aux neuf siècles qu'il a vécus jusqu'à ce jour, un avenir de neuf autres siècles lui est réservé, siècles aussi pacifiques que les autres ont été agités, et quand je vois le lustre que vous avez déjà répandu sur la principauté, quand je pense à tous les progrès que vous méditez, quand je sais l'amour que vous portez à ce peuple qui vous le rend avec passion, mon rêve touche jusqu'à la réalité. Et lorsque je vois à côté de vous ce jeune prince, déjà l'orgueil et les délices de la principauté, dont le regard est si riche de promesses, formé à la double école d'un aïeul tel que Charles III et d'un père comme vous, je me fortifie dans mes espoirs et je m'écrie : longue sera encore la lignée des Grimaldi.

MADAME,

Assurément, il pensait à vous, le prince bien-aimé, lorsque dans une circonstance solennelle, où, aux joutes pacifiques de la grande exposition, il tenait si haut et si victorieusement le drapeau de la principauté, lorsqu'en parlant du charme de la femme française, il disait : « Elle attire par sa grâce, retient par son esprit, et attache par son cœur. » En ce moment que vous êtes devant nous il n'y a plus de doute ; vous êtes cette femme française et

Phot. Numa-Blanc

LE PRINCE ALBERT ET SA 2e FEMME, LA DUCHESSE DE RICHELIEU

vous êtes devenue la souveraine de Monaco; laissez-moi ajouter à ce portrait si délicatement tracé, un trait, au diadème déjà si riche, un fleuron.

J'en ai le droit même dans cette enceinte sacrée : Vous êtes aussi la femme chrétienne, vous en avez les vertus, la charité, la bienfaisance et la générosité, vous avez le culte saint de l'enfance, de l'humble et du pauvre. Voilà pourquoi il ne vous a fallu que paraître pour conquérir l'affection de vos nouveaux sujets.

Venez donc, princesse, venez prendre place à côté de celui qui, après vous avoir si bien appréciée, vous présente aujourd'hui à la principauté comme don de joyeux avènement. Le trône monégasque est modeste, mais il est antique, et aucune illustration ne lui a manqué. Longue aussi est la liste des nobles souveraines qui s'y sont assises avant vous, et dont le souvenir restera à jamais populaire, qu'il me suffise de rappeler les Claudine, et les Louise-Hippolyte, les Antoinette et les Caroline. Un jour, à la suite de ces noms vénérés, l'histoire ajoutera avec honneur le nom de la princesse Alice.

Et maintenant, Altesses Sérénissimes, nous allons chanter l'hymne solennel d'actions de grâces et faire monter vers le ciel nos plus ardentes supplications, afin que votre règne long et heureux apporte gloire à Dieu, paix et prospérité au peuple monégasque.

Après ces paroles du prélat, leurs Altesses se rendirent au trône qui leur était préparé dans le chœur et le *Te Deum* fut chanté par le clergé et la maîtrise.

La cérémonie accomplie, après une visite à la crypte funèbre des Grimaldi, les princes remontèrent en voiture et rentrèrent au palais pour recevoir les hommages du corps consulaire.

Le soir, à huit heures, une fête de nuit merveilleuse

eut lieu. Il faudrait la plume de l'auteur des *Mille et une nuits* pour dépeindre l'éblouissement des illuminations de la Condamine et de Monte-Carlo, les barques chargées de mille lumières sillonnant la rade, les avenues, les maisons tout en feu et sur les hauteurs, se détachant sur le fond sombre des montagnes, comme des diamants sur un écrin de velours, les villas toutes scintillantes de lumières représentant des symboles ou des inscriptions.

Ici, c'est la galère antique des souverains monégasques, voici l'ancre de l'espérance, le cœur symbole de la charité et partout, amoureusement entrelacés, des A accompagnés de paroles de feu.

A neuf heures, sur le signal de la princesse Alice le plateau des Moneghetti s'alluma soudain. C'était le feu d'artifice tiré par Ruggieri, qui venait compléter les splendeurs de cette magnifique soirée.

Les princes se promenèrent en voiture à travers les rues les plus populeuses de la principauté, acclamés par la foule, puis ils se rendirent à l'hôtel des Bains où une sérénade leur fut donnée pendant qu'ils assistaient à une magnifique fête vénitienne dans le port, et qu'une retraite aux flambeaux parcourait les rues.

Le lendemain matin le comte Gastaldi, maire de Monaco, adressait aux habitants de la principauté la proclamation suivante :

Mes chers Concitoyens,

L'accueil chaleureux que vous venez de faire au meilleur des souverains et à la plus gracieuse des souveraines a profondément touché leurs Altesses Sérénissimes. Elles m'ont confié l'honneur de vous en remercier.

Je suis heureux et fier d'avoir à m'acquitter de cette mission, je le suis avant tout d'avoir été placé par la confiance du prince à la tête de la plus loyale, de la plus fidèle et de la plus dévouée des populations !

Vous êtes tous Monégasques de naissance ou de cœur; notre bien-aimé prince l'a dit en recevant vos délégués, tous sans distinction d'origine vous avez travaillé avec le même zèle à la splendeur des fêtes auxquelles nous venons d'assister, et vous avez bien mérité de notre cher pays.

Tous, enfin, vous tiendrez à répéter avec moi comme vous l'avez fait pendant les mémorables journées des 12 et 13 janvier 1890 :

Vive le prince Albert Ier !

Vive la princesse Alice !

Vive le prince Louis !

Cette union tant désirée et qui commençait sous de si bons auspices ne fut heureuse qu'à ses débuts.

La princesse très bien douée, passionnée pour les arts, s'occupa avec un grand soin du théâtre de Monte-Carlo. C'est elle qui fit représenter les meilleurs opéras nouveaux, et M. Gunsbourg, le si distingué directeur de la scène de Monte-Carlo, ne fut que le surintendant des beaux-arts de la princesse Alice, et l'exécuteur empressé de ses désirs.

Elle s'occupa aussi des expositions d'art qui prirent une grande extension, et l'ouverture du salon de Monte-Carlo devint sous sa haute direction un événement mondain aussi important que celui de Paris, de Venise ou de Munich. Enfin, disposant largement de son immense fortune, la princesse Alice réorganisa complètement les services de bienfaisance et entretint de ses deniers les œuvres philanthropiques de la principauté.

Bientôt cependant des nuages vinrent obscurcir le ciel si bleu des débuts. La princesse, très belle, était accoutumée à être entourée et aimée, et le prince, tout à ses études scientifiques, à ses longues croisières, délaissa souvent, et pendant des mois, celle qui le chérissait passionnément.

Les princesses de sang royal savent que cet isolement est leur lot et, pour ainsi dire, la rançon de leur grandeur ; elles supportent héroïquement ces douleurs, mais Alice Heine aimait vraiment son époux comme une bonne et honnête bourgeoise, elle était jalouse de la science, elle ne put s'accoutumer à cet existence.

Cette union charmante qui avait commencé comme un rêve d'Orient se termina bien prosaïquement.

Dans le Gotha de 1903, à la partie officielle, page 61, concernant le prince de Monaco et la princesse Alice, la mention suivante fut formulée ainsi :

> Ce mariage a été séparé judiciairement à Monaco, le 30 mai 1902, la séparation a été confirmée en France par le tribunal civil de Paris le 3 juin 1902.

Et maintenant, chose menaçante, le prince Albert vient d'établir le divorce dans la principauté, après avoir vainement demandé à Rome l'annulation de son second mariage !!

CHAPITRE XI

Campagnes de l'« Hirondelle ».

Le navire. — Les engins de pêche. — Les collaborateurs du Prince. — Campagne de 1885. — Campagne de 1886. — Campagne de 1887. — Campagne de 1888.

Il nous faut à présent parler de l'admirable carrière scientifique du prince. A cette matière si abondante, si intéressante à la fois nous avons l'intention de consacrer quatre chapitres. Nos lecteurs, en effet, ne connaîtraient point Albert Ier, s'ils ne savaient au moins sommairement ce qu'est l'Océanographie, et ce que le prince a fait pour le développement de cette science.

L'Océanographie c'est la science de la mer. C'est l'étude, à la fois, et des fonds et des courants, de la composition des eaux, des végétations aquatiques et de la nature des animaux qui peuplent l'Océan. En un mot, l'examen approfondi des phénomènes physiques, chimiques et biologiques dont la mer est le théâtre, constitue cette belle science de l'océanographie au développement de laquelle le prince de Monaco a si puissamment contribué.

Pendant toutes ses campagnes, le prince a commandé lui-même son navire, et c'était lui qui dirigeait, en outre, les opérations scientifiques, la manœuvre des chaluts, des nasses, etc. Ceux-là seuls qui ont vu le prince à l'œuvre savent l'énergie, la persévérance et la somme de travail qu'il a dépensées dans ses recherches océanographiques.

M. Le Grené jusqu'en 1891, et, depuis, M. le capitaine H. Carr secondaient le prince dans ses travaux.

M. Jules de Guerne, comme chargé des travaux zoologiques à bord, prit part aux campagnes de 1886 à 1888,puis de 1893-1894. M. le docteur Jules Richard, le plus dévoué et le plus savant collaborateur du prince, fut d'abord attaché au laboratoire de 1888 à 1894; il en est devenu le chef depuis 1895. M. Paul Lallier prit part, comme zoologiste, à la campagne de 1895. M. Neuville, préparateur au Museum de Paris, fut attaché au laboratoire pendant les années 1896-1898. M. Portier, préparateur à la Sorbonne, et M. Chauveau prirent part aux recherches scientifiques en 1899. Le docteur Paul Regnard, autrefois sous-directeur du laboratoire de physiologie à la Sorbonne et directeur de l'Institut agronomique, assista, en 1888, aux essais de la nasse électrique imaginée par lui. M. le professeur G. Pouchet fit en partie la campagne de 1887.

M. J.-Y. Buchanan qui fit, comme physicien, la merveilleuse campagne du *Challenger*, exécuta de nombreuses expériences sur la densité de l'eau de mer pendant les expéditions de 1892, 1894, 1898. M. le professeur Brandt, de Kiel, fit à bord, en 1898, de nombreuses recherches sur le plankton des mers arctiques, et M. W. S. Bruce, d'Edimbourg, qui hiverna à la terre François-Joseph avec l'expédition Jackson-Harmsworth, fit à bord de la *Princesse-Alice*, en 1898 et 1899, diverses observations scientifiques. MM. les professeurs Richet et Thoulet ont pris part à la campagne de 1901. M. Bertrand, de l'Institut Pasteur, fit à bord, en 1902, des recherches de chimie biologique.

En vue de conserver la coloration des spécimens on embarqua des artistes qui sont : M. Borrel (1888, 1893, 1895, 1901, 1902), Mlle Jeanne Le Roux (1896), M. Charles Boutet de Monvel (1897, 1901), M. Lovatelli-Colombo (1898), M. W. Smith (1899).

L'équipage est, depuis 1885, formé en grande majorité de bretons, pêcheurs pour la plupart, marins robustes et durs à la fatigue, qualités très appréciables, étant donnée la nature des travaux exécutés à bord, car les opérations qui sont relatives aux recherches océanographiques, telles que les dragages, etc., ne se font pas sans beaucoup d'efforts.

Il a fallu, comme on le pense, confectionner, perfectionner ou inventer des appareils pour les recherches pendant les campagnes de l'*Hirondelle* et de la *Princesse-Alice*. Nous ne parlerons ici que très sommairement de ces appareils, mais le lecteur doit connaître au moins le nom et l'usage des principaux pour l'intelligence de ce qui doit suivre.

La machine à sonder, construite par M. Le Blanc, a

été perfectionnée par le prince. Le sondeur à clef et à coulisse est de l'invention d'Albert Ier et le tube sondeur, celle de M. Buchanan. Les thermomètres à renversement permettent de prendre la température du fond et des profondeurs intermédiaires. La bouteille à eau Buchanan et la bouteille Richard rapportent un échantillon de l'eau de chacune des couches pour en mesurer la densité, l'alcalinité, etc., ou en faire l'analyse chimique. Un appareil imaginé par M. le docteur Richard lui a permis de démontrer expérimentalement que la quantité des gaz dissous dans l'eau est indépendante des pressions, et, par conséquent, des profondeurs.

Passons maintenant aux engins employés par le prince pour la capture des animaux.

Le plus important est le chalut à étriers, long filet dont les mailles ouvertes ont 2 centimètres de côté, et qui atteint jusqu'à 5 mètres de longueur. Une *empêche* s'oppose à la sortie des animaux une fois entrés. L'ouverture qui a 2 m. 50 de largeur est tenue ouverte au moyen de ferrures solides. Cet appareil, œuvre du prince, a été traîné jusqu'à 6.035 mètres de profondeur.

Ce chalut est l'appareil le plus nécessaire pour la récolte des animaux de grande profondeur, mais il se complète par le chalut à larges mailles qui filtre la vase plus rapidement, et rapporte des animaux plus agiles.

La barre à fauberts, réunion de plusieurs nasses de fils de chanvre que l'on traîne sur les fonds, procure une foule d'organismes très variés, fixés plus ou moins solidement sur ces fonds, notamment des polypiers, des échinodermes, des crustacés et même des poissons. Il faut ensuite un jeu de patience de plusieurs heures pour retirer les animaux de cette chevelure en désordre. Les nasses sont très utiles pour la capture des crustacés et des poissons qui échappent facilement au chalut par leur agilité. Elles sont d'un modèle spécial. Leur emploi a fourni des résultats très remarquables, et le prince en a immergé jusqu'à 5.310 mètres.

Les palancres, sortes de lignes de fond à multiples hameçons, les lignes de fond ordinaires et les trémails, formés de trois rideaux de filet, ont aussi été employés par le prince pour l'étude des grands fonds.

Un appareil qui rend de grands services à Albert Ier est l'accumulateur ou dynamomètre sur lequel il fait passer le câble du chalut ou de la nasse. Cet instrument supprime les tensions brusques produites dans les coups de roulis et qui peuvent casser le câble si le chalut est retenu au fond. Il indique, de plus, par une graduation préalable, la valeur en kilogrammes de la traction exercée sur le câble, et permet, dans bien des cas, d'éviter la rupture et des pertes de temps et d'appareils.

En 1887, le prince imagina et fit construire un filet qu'il nomma chalut de surface, parce qu'il récolte les objets flottant à la surface ou bien en suspension un peu au-dessous d'elle, tout à fait comme les chaluts dont nous avons parlé plus haut, récoltent les objets enfoncés dans la première couche de vase.

Citons encore le filet Buchet qui recueille les petits

organismes pélagiques sans ralentir la marche du navire, et le filet Hensen pour l'étude quantitative du plankton.

Les filets fins divers immergés à des profondeurs plus ou moins grandes ont ramené des organismes qu'on n'a jamais rencontrés à la surface.

Il y a donc des animaux qui vivent entre deux eaux à des profondeurs variables. Mais pour l'étude de ces êtres il faut nécessairement des appareils permettant de les recueillir sans mélange avec ceux des couches supérieures ou inférieures. En un mot, il faut un filet qui ne s'ouvre qu'à une profondeur déterminée et qui soit refermé à cette profondeur après avoir fait son office et avant d'être remonté à la surface. Deux de ces filets sont employés dans les recherches océanographiques du prince. L'un est l'invention d'Albert Ier lui-même, l'autre a été imaginé par M. Giesbrecht et modifié par M. le docteur Richard. Ces deux filets fonctionnent à merveille, et ont fait faire à l'océanographie de magnifiques progrès.

Maintenant que nous avons parlé des collaborateurs du prince et que nous avons passé en revue les engins qui constituent un matériel scientifique, nous allons décrire sommairement ses différentes campagnes.

Les premières recherches océanographiques du prince se firent à bord de l'*Hirondelle*. C'était une fine goëlette de 200 tonneaux, montée par une quinzaine de marins. N'ayant pas été construite pour les recherches auxquelles elle était destinée, elle y fut appropriée aussi bien que possible et telle pièce qui était salon devint laboratoire. Ce bateau était uniquement à voiles, aussi toutes les opérations telles que dragages et immersion de nasses, devaient-elles être faites à la force des bras, au moyen d'un treuil pourvu de deux manivelles très longues et pouvant être actionnées chacune par trois hommes.

On s'imagine facilement combien il fallait de temps et de travail pour draguer, comme l'*Hirondelle* l'a fait, jusqu'à 2870 mètres. Le chalut fut descendu à cette profondeur en trois heures dix-huit minutes ; il a fallu neuf heures trente minutes pour le ramener à bord, soit près de treize heures pour un travail qui se fait actuellement, à la vapeur, en moins de cinq heures.

Malgré ces moyens assez rudimentaires les campagnes de l'*Hirondelle* n'en furent pas moins brillantes, comme on va le voir.

En 1885, le prince venait d'aménager son navire l'*Hirondelle* pour commencer ses expériences océanographiques, et il se proposait d'étudier dans cette première campagne surtout des phénomènes biologiques, quand une circonstance inattendue vint changer ses projets.

M. Pouchet, directeur du laboratoire maritime de Concarneau, venait de recevoir, du Conseil municipal de Paris, au moment où le prince se disposait à partir pour sa croisière, une somme pour accomplir un voyage ou faire des acquisitions scientifiques aux Açores. M. Pouchet qui connaissait la vaste érudition d'Albert Ier pour avoir souvent correspondu avec lui, demanda son concours. S. A. S. accepta la collaboration de M. Pouchet, et il fut décidé que la somme confiée par le Conseil municipal de Paris serait employée à une grande expérience dont le courant du Gulf-Stream serait l'objet. Il s'agissait de jeter à la mer, dans la région nord-ouest des Açores un certain nombre de flotteurs, de relever leur marche, et par là de connaître de façon pratique la marche du grand courant.

Le prince qui avait pris la direction de l'expédition n'avait rien négligé pour sa bonne réussite. Il veilla lui-même avec grand soin à tous les préparatifs de l'expédition, et c'était merveille de le voir, agité par la fièvre des pacifiques conquêtes, donner les ordres et les conseils les plus précis sur les questions les plus diverses. Sa vaste érudition, son esprit inventif et prompt à prendre une décision firent l'admiration de tous. Dès lors, on put entrevoir quelle admirable carrière scientifique s'ouvrait devant le prince et avec quelle ardeur il y entrerait.

Le matériel spécial dû à la générosité du Conseil municipal de Paris fut construit par les soins de M. Pouchet. Il comprenait des sphères de cuivre creuses, des fûts en bois de chêne, et de simples bouteilles de verre. Les plus grands soins furent pris pour assurer la parfaite flottaison de ces flotteurs et leur absolue imperméabilité.

Chacun de ces appareils portait un document ainsi conçu :

Dans le but d'étudier les courants de la mer, avec l'aide du Conseil municipal de la ville de Paris, ce papier a été jeté à la mer par les soins de S. A. le prince héréditaire de Monaco, à bord de son yacht l'*Hirondelle* et en sa présence. Toute personne qui trouvera ce papier est priée de le faire parvenir aux autorités de son pays pour être transmis au gouvernement français, en indiquant avec le plus de détails possible, le lieu, la date et les circonstances où ce papier aura été retrouvé.

Signé : ALBERT, Prince héréditaire de Monaco,
G. POUCHET, Professeur au Museum de Paris.

Cette même note était reproduite en russe, norvégien, danois, allemand, hollandais, espagnol, anglais, portugais et maugrébin ; langues choisies parmi celles des parages que les flotteurs pouvaient hypothétiquement visiter.

Le 9 juillet 1885, l'*Hirondelle* montée par vingt hommes qui avaient embarqué le matériel spécial décrit plus haut et trois mois de vivres, quittait le port de Lorient pour gagner les Açores et y attendre les circonstances météorologiques favorables.

Dans ce voyage, le prince n'abandonna pas les expériences biologiques qu'il avait eu l'intention de faire, et l'*Hirondelle* se livra à de très importantes pêches pélagiques de surface.

Le 27 juillet, à six heures du matin, commence le lancement des flotteurs. L'*Hirondelle*, à ce moment, est à 117 milles dans le nord-ouest de Corvo. De mille en mille on jette barils, bouteilles et sphères creuses. Infatigable, Albert Ier assiste lui-même à toutes les opérations qui ont duré trente et une heures trente-trois minutes. En vain, lui conseille-t-on de prendre quelque repos. Il ne veut rien écouter.

Son poste, dit-il, est sur le pont, et il y demeure pendant toute la durée des expériences. C'est le prince qui commande la manœuvre, c'est lui qui indique le moment où il faut lancer les flotteurs à la mer, lui encore qui note l'instant où chaque engin quitte le navire, lui qui signe les talons qui se rapportent à chaque document lancé à la mer, lui partout, lui, toujours. Les savants qui accompagnent le prince admirent son courage et son endurance, les matelots ne songent pas à se plaindre de leurs fatigues ayant un tel exemple sous les yeux.

Enfin le travail fut heureusement terminé et, peu après l'immersion du dernier flotteur, l'*Hirondelle* reprit le chemin des Açores où l'équipage allait jouir d'un repos bien gagné.

Les premiers résultats se montrèrent bientôt : deux bouteilles de la région méridionale du lancement parvinrent aux Açores; plus tard, des sphères et des barils, venant de plus haut, atteignirent également les Açores, puis Madère, le sud du Portugal et les Canaries. Plus tard encore une bouteille qui appartenait à la région septentrionale gagna les Antilles. On voyait déjà distinctement tracée, la marche circulaire des eaux, à la surface de l'Atlantique nord, autour d'un point situé dans le sud-ouest des Açores.

En 1886, le prince reprit les expériences dont nous venons de parler. Elles portèrent sur une région que les flotteurs de 1885 n'avaient point visitée. L'*Hirondelle* plaça cinq cent dix bouteilles, semblables aux précédentes, le long du vingtième méridien, à l'ouest de Paris, entre les latitudes du cap Finistère (Espagne) et du sud de l'Angleterre. Elles furent semées par série de quarante, avec un demi-mille d'intervalle, les séries étant elles-mêmes séparées par une distance de vingt milles. La longueur totale du ruban, ainsi sectionné atteignit quatre cent quarante-quatre milles et l'opération dura six jours et demi.

Comme la première fois, le prince voulut assister en personne à toutes les opérations de lancement, et les commander lui-même; il ne consentait à prendre quelque repos que pendant le temps employé par le navire à franchir les 20 milles qui séparaient chaque série de quarante bouteilles.

Les résultats de cette campagne furent peut-être encore plus importants que ceux obtenus en 1885.

D'abord quelques flotteurs de la région méridionale gagnèrent rapidement les côtes de Portugal et d'Espagne dont ils étaient les plus rapprochés, tandis que d'autres, flottant sans être arrêtés le long de ces terres, prirent le chemin du sud, et s'égrénèrent sur toute la partie plus méridionale du Portugal, la côte du Maroc, parmi les Canaries et jusqu'aux Antilles, comme ceux de 1885. Ensuite, un nouveau groupe venu de la région centrale du lancement arriva sur les plages du golfe de Gascogne au sud de la Gironde, subissant, lui aussi, une influence vers le sud; ses unités défilèrent successivement le long des côtes de la Biscaye, des Asturies, de la Galice, du Portugal, du Maroc et gagnèrent les Canaries, visitant ainsi les mêmes régions que le groupe précédent, mais beaucoup plus tard.

Enfin la région septentrionale envoya ses flotteurs

sur les côtes de Bretagne où les uns furent immédiatement ramassés, tandis que les autres inclinant à leur tour vers le sud tombèrent dans la même voie que ceux du précédent groupe à la suite desquels ils longèrent les mêmes terres.

Ces expériences démontraient, donc de façon péremptoire qu'il n'y avait point comme on l'avait cru jusqu'alors, une marche des eaux du golfe de Gascogne vers le nord. Ce courant supposé, dit courant de Rennel, fut donc rayé sur les cartes.

Mais le prince ne se borna pas dans cette croisière à faire des expériences de flottage ; il fit, en outre, une série de recherches sur les températures de profondeurs du golfe de Gascogne, et appliqua pour la première fois l'usage des nasses aux recherches scientifiques, employant d'abord jusqu'à 120 mètres ces appareils qu'il devait immerger plus tard jusqu'à plus de 5.000 mètres de profondeur. Dès le début les nasses donnèrent des résultats tels qu'elles n'ont cessé d'être employées dans toutes les campagnes qui suivirent.

En 1887, le prince accomplissait la troisième et dernière expérience sur les courants de l'Atlantique Nord. M. Pouchet, dont la subvention était maintenue, grâce à l'esprit scientifique du Conseil municipal, et surtout à la magistrale façon dont le prince avait dirigé les deux expéditions précédentes, se joignit à la croisière.

Partie de Lorient au commencement de juin l'*Hirondelle* allait à peu près droit aux Açores, en faisant le long du chemin des pêches pélagiques de surface. Aux Açores, le yacht commença ses opérations en eaux

Phot. Chusseau-Flaviens

L'EMPEREUR GUILLAUME II ET LE PRINCE ALBERT Ier
à bord de la " Princesse Alice "

véritablement profondes en draguant jusqu'à 1.287 m. et en posant des nasses par 620 mètres.

L'expérience de flottage consista dans le lancement de 931 flotteurs d'un modèle nouveau.

Les bulletins contenus dans ces flotteurs n'étaient point rédigés comme ceux de 1885 et de 1886. Le prince avait tenu à ce que le texte explicatif de l'expérience, tout en lui réservant la part qui était la sienne, dans cette collaboration, fît une large mention de celle appartenant au savant professeur qui allait devenir son hôte pendant ce voyage.

Le texte de ces bulletins était ainsi conçu :

« Dans le but d'étudier les courants, ce papier a été jeté à la mer, sous l'inspiration du professeur Pouchet, avec la participation du Conseil municipal de Paris (délibération du 26 mars 1886) pendant la troisième campagne scientifique du yacht monégasque l'*Hirondelle*, commandé par S. A. le prince héréditaire de Monaco. Toute personne qui trouvera ce papier est priée de le faire parvenir aux autorités de son pays, pour être transmis au Gouvernement français, en indiquant, avec le plus de détails possible, le lieu, la date et les circonstances où ce papier aura été retrouvé.

Signé : ALBERT, prince héréditaire de Monaco,
G. POUCHET, professeur au Muséum de Paris.

L'*Hirondelle* commença le 19 juillet à 6 heures du soir le lancement. Le point était : lat. N. 39°,58'2", longit. O. 36°25'35". L'opération dura treize jours et treize nuits pendant lesquels les flotteurs se succédèrent de mille en mille ou de deux milles en deux milles. Cette partie de voyage fut très favorisée par le temps

13

et le dernier flotteur lancé tombait à la mer le 1er août.

Entre Terre-Neuve, où le professeur Pouchet quitta l'*Hirondelle*, et Lorient, le yacht opéra une série de pêches pélagiques de surface et fut éprouvé par un cyclone dont le prince a donné un récit émouvant et pendant lequel il put apprécier l'action si utile du filage de l'huile.

Les résultats de cette troisième expérience confirmèrent, en général, les indications fournies par les expériences de 1885 et de 1886.

Ainsi les flotteurs du groupe méridional ont paru aux Açores, à Madère, et aux Canaries, tandis que ceux d'un groupe supérieur arrivaient simultanément en Bretagne et en Irlande. Plus tard, des flotteurs du même groupe manifestaient leur présence dans le golfe de Gascogne, successivement le long des côtes des Landes et d'Espagne, puis en Portugal, au Maroc et aux Canaries.

D'autres flotteurs venant surtout du groupe septentrional se dirigèrent en masse vers l'Islande, le canal Saint-Georges, l'Ecosse, les îles Shetland et le nord de la Norvège.

Les trois expériences de 1885, 1886, 1887 firent avancer d'un grand pas la science des courants de l'Atlantique. Le prince avec la netteté d'esprit et la haute compétence scientifique qui lui sont propres sut dégager les lois de ces courants et définir d'une manière admirablement précise la marche du Gulf-Stream. Et la conclusion qu'il a tirée de ses trois croisières d'étude fait maintenant autorité dans le monde savant.

Dans sa joie d'homme de science qui a fait son œuvre, le prince vit cependant se glisser quelque amertume.

Le professeur Pouchet, qui, malgré son titre de collaborateur du prince, n'avait point assisté aux expériences de 1885 et de 1886 et qui avait fait seulement une partie de la campagne de 1887, M. Pouchet, dis-je, attendit que les travaux fussent arrivés au point d'une maturité permettant de contempler dans leur ensemble les principaux résultats obtenus, pour lancer, en son nom personnel, et tout à fait en dehors de la connaissance d'Albert Ier, un travail dont beaucoup d'éléments provenaient, d'ailleurs, des publications précédentes du prince.

Selon les engagements mutuels au contraire qui liaient les deux collaborateurs, M. Pouchet devait seulement présenter au Conseil municipal de Paris un rapport sur l'emploi de la somme reçue comme subvention, mais sans y joindre aucune considération scientifique.

Le prince fut très peiné de la manière d'agir de M. Pouchet, qu'il avait toujours traité, non seulement en collaborateur distingué, mais en ami.

En 1888, Albert Ier fit une nouvelle campagne à bord de son yacht. Cette campagne (qui fut la dernière de l'*Hirondelle*,) est caractérisée surtout par des recherches zoologiques poursuivies aux Açores jusqu'à près de 3000 mètres de profondeur.

Dès le 25 juin, après avoir quitté Lorient, le yacht faisait à Groix et à Belle-Ile des expériences d'immersion de nasses, éclairées électriquement, grâce à un dispositif imaginé par M. le docteur Regnard. Le navire se rendait ensuite aux Açores, tout en faisant en route des opérations variées. Mais, c'est surtout parmi les îles de l'archipel açoréen qu'un grand nombre d'opérations de chalut furent faites jusqu'à 2.870 mètres ; les nasses, furent immergées avec un succès complet jusqu'à 2000 mètres et rapportèrent quelquefois plus de cent poissons d'un seul coup.

L'étude de la faune lacustre des Açores, commencée en 1887 par M. de Guerne, était continuée par lui, notamment à Flores, et M. le docteur Richard, le si distingué collaborateur du prince, accomplissait de très intéressants travaux du même genre dans les autres îles.

Pour la première fois, le prince emmenait à bord un peintre, M. Borrel, chargé de noter la couleur et de préciser des formes intéressantes de façon à pouvoir reproduire plus tard, dans sa publication, les animaux avec leur coloration véritable.

Telles furent, brièvement résumées, les quatre campagnes entreprises par le prince à bord de son yacht l'*Hirondelle*.

Déjà la réputation d'Albert Ier était faite dans le monde savant. Sa haute science, sa compréhension remarquable de tout ce qui touche à la mer, son habileté consommée de marin, son endurance, sa ténacité, son courage avaient fait converger sur lui les regards de tous les savants du monde entier.

Nous allons le voir dans les chapitres suivants reprendre sur une plus large échelle les expériences commencées, les mener à bonne fin et devenir le chef incontesté de tous ceux qui se sont intéressés aux mêmes questions.

CHAPITRE XII

Campagnes de la « Princesse-Alice-I ».

Le navire. — Campagne de 1890. — Campagne de 1892. — Campagne de 1893. — Campagne de 1894. — Campagne de 1895. — Campagne de 1896. — Campagne de 1897.

Encouragé par les résultats remarquables obtenus dans ses premières campagnes, le prince résolut de continuer ses recherches avec des moyens plus puissants, et fit construire la première *Princesse-Alice*.

C'était un trois-mâts goélette de construction composite jaugeant 600 tonneaux, muni d'une machine auxiliaire de 350 chevaux, et construit dans les chantier de la maison Gren, près de Londres, spécialement pour les recherches commencées à bord de l'*Hirondelle*. Il était pourvu de tout le matériel nécessaire et de laboratoires savamment aménagés. Il mesurait 52 m. 60 de longueur totale, 8 m. 20 de largeur et 3 m. 75 de tirant d'eau moyen.

Ce navire fit ses essais en 1891, et ne continua réellement la série des campagnes scientifiques qu'en 1892.

Depuis 1888, date de la dernière campagne de l'*Hirondelle* jusqu'en 1892, époque de la première croisière à bord de la *Princesse-Alice*, le prince n'était pas resté inactif.

Grâce à l'obligeance du savant professeur Hermann Fol qui avait bien voulu prêter à Albert Ier son yacht, l'*Amphiaster*, il put (en attendant le lancement du nouveau navire qu'il faisait construire pour la Science), descendre au large de Monaco les nasses de l'*Hirondelle*.

En effet, les dragages poursuivis dans la Méditerranée pendant les campagnes scientifiques anglaises et françaises de 1870 et de 1881 ayant présenté les grandes profondeurs de cette mer comme excessivement pauvres en animaux, le prince voulut contrôler ces appréciations avec les appareils nouveaux ou améliorés qu'il avait construits pour ses précédents travaux dans l'Atlantique.

Cette petite campagne eut des résultats fort appréciables. Le prince découvrit en effet 33 crustacés complètement inconnus des savants, et signala pour la première fois la présence dans la Méditerranée des fameux requins de Sétubal. Enfin le prince montra péremptoirement par les brillants résultats de ses pêches, que dans ses régions profondes la Méditerranée n'est point, comme on l'avait cru, un désert.

Encouragé par les résultats de cette campagne le prince résolut d'étudier cette mer avec grand soin. Le navire *Princesse-Alice* avait fait ses essais en 1891.

Aussi est-ce à son bord que le prince fit les campagnes de 1892-1893 et de 1894. Ces campagnes eurent pour champs d'étude le bassin occidental de la Méditerranée, le détroit de Gibraltar, le golfe de Gascogne, et la côte atlantique du Maroc jusqu'à Dar-el-Beïda (Casa Blanca).

Au cours de ces trois années 58 sondages furent effectués jusqu'à 4898 mètres et 46 échantillons d'eau prélevés dans les mêmes régions jusqu'à la profondeur de 3295 mètres.

Le prince se livra aussi à des pêches pélagiques importantes dans la Méditerranée et dans l'Océan. Douze descentes de nasses dans l'Océan dont l'une a atteint pour la première fois la profondeur considérable de 4898 mètres ont surtout présenté des résultats intéressants.

Dans le détroit de Gibraltar une nasse demeurée vingt heures à 924 mètres de profondeur est remontée avec sept congres énormes dont l'inertie totale et le gonflement de la vessie natatoire faisaient supposer la mort par décompression des organes et des tissus, quand ils reprirent une vitalité telle qu'il fallut les assommer à coups de bâton pour s'en rendre maître. Dans l'Atlantique et dans la Méditerranée de nombreux dauphins et une grande quantité de tortues furent pêchés. M. Jules Richard fut chargé de disséquer ces animaux pour la recherche des parasites et l'examen de leur nourriture.

L'estomac d'un dauphin pris en Méditerranée a fourni de la sorte un céphalopode nouveau.

Enfin le prince fit, dans ces trois années, de nombreuses expériences sur l'attraction des animaux pélagiques au moyen de la lumière artificielle.

Une lampe électrique, étanche, de 50 bougies, descendue à 2 mètres de profondeur était entourée au bout de cinq minutes par un nuage de crustacés et d'annélides très petits dont les espèces variaient suivant les localités. Il venait aussi des poissons tels que des poissons volants dont le prince fit d'abondantes pêches. On capturait facilement tous ces animaux avec un simple filet à papillons.

En somme, ces campagnes furent magnifiques et fort fructueuses. L'outillage complet de la *Princesse-Alice* avait produit des merveilles, et les savants qui avaient fait campagne à bord de ce navire avaient trouvé ses laboratoires tout à fait pratiques et commodes.

Le prince, enchanté de son navire et des magnifiques résultats obtenus, pensait déjà, à peine revenu à Monaco, à accomplir de nouvelles croisières et à faire au nom de la science de nouvelles conquêtes.

Le 23 mai 1895, le prince quittait Monaco à bord de la *Princesse-Alice* pour une campagne consacrée presque entièrement à l'étude des Açores. Albert Ier y consacra en entier les mois de juin, de juillet et d'août de la même année. Cette croisière fut une des plus fructueuses, car les aménagements du navire, chaque fois augmentés, modifiés par l'expérience, permettaient à la *Princesse-Alice* des entreprises qui lui étaient jusque-là inaccessibles.

Le personnel se composait de MM. Jules Richard, chargé des travaux du laboratoire; Lallier, zoologiste, et Borrel, artiste peintre.

On sonda jusqu'à 5240 mètres, on prit des températures de fond jusqu'à 2198 mètres, on préleva des échantillons d'eau provenant du contact immédiat du sol sous-marin jusqu'à 5240 mètres.

Le prince fit aussi faire de nombreux dragages entre 550 et 4443 mètres, des immersions de nasses entre 88 mètres et 2178 mètres et des traînages de barres à faubert entre 550 et 1021 mètres. Il fut fait aussi des captures journalières par le harpon, la ligne de traîne, le haveneau, ou par l'attraction de la lumière électrique.

Un engin nouveau, l'appareil Buchet, destiné à faire des pêches pélagiques pendant la marche du navire jusqu'à une vitesse de sept nœuds environ fut essayé dans cette campagne. Son fonctionnement merveilleux le classa immédiatement à l'inventaire du matériel scientifique du prince. Toutefois, cet appareil ne put être utilisé que pendant une partie seulement du voyage pour cette raison singulière que sur le parcours presque entier du navire la mer se couvrait chaque nuit d'un banc de méduses assez épais pour que l'appareil fut bien vite encombré de ces animaux ou pour que le filet menaçât de se rompre sous leur poids.

L'usage des nasses confirma en cette croisière l'observation faite dans les précédents voyages, que ces engins peuvent rapporter des animaux à marche lente si on les laisse immergés pendant un certain temps.

Au moyen du harpon, on captura notamment dans cette campagne un cachalot, quatre dauphins et sept tortues.

Le cachalot pris devant l'équipage de la *Princesse-Alice* par des baleiniers de profession fut remorqué par le navire du prince jusque dans une crique de l'île de Terceira. Il fut laissé à la disposition du prince pour toutes les recherches scientifiques désirables et fournit l'événement capital de cette campagne.

La pêche du cachalot n'est pas, tant s'en faut, une pêche sans danger par suite de l'agilité, de la brusquerie, de la force de l'animal. Harponné par l'équipage baleinier, le cachalot vint donner de formidables coups de queue contre la *Princesse-Alice*, ce qui fit véritablement craindre pour la sécurité du navire.

L'animal, dans les vomissements provoqués par son agonie, livra au prince plusieurs grands céphalopodes complets dont un est, d'après M. Joubin, une espèce nouvelle du genre Histeotenthis et dont un autre, couvert d'écailles molles, polygonales, facilement détachables, constitue un genre nouveau que M. Joubin nomma Lépidotenthis Grimaldii. Enfin l'examen du contenu de l'estomac du cétacé et la recherche de ses parasites ont achevé de remplir quatre journées d'une étude qui compléta celles précédemment poursuivies sur ces animaux.

Enfin, il faut noter un fait plusieurs fois remarqué par le prince dans cette croisière, et qui est intéressant pour la physiologie. A l'extérieur d'une nasse, qui remontait d'une profondeur considérable et qui contenait de grands crabes du fond, plusieurs de ces mêmes animaux surpris par l'ascension de l'appareil au moment où, accrochés à une de ses parois, ils cherchaient à y pénétrer se laissèrent enlever jusqu'à la surface et même au-dessus de l'eau jusque sur le pont, tandis qu'une simple détente de leurs ongles eût suffi pour qu'ils retombassent au fond d'abord, et plus tard tout simplement dans l'eau. Le fait paraît d'autant plus digne d'attention que durant cette montée d'une ou plusieurs heures, les crabes devaient éprouver les angoisses de la décompression et d'une température excessive pour eux, sans que, d'autre part, ils fussent influencés par le contact d'une proie à garder, puisqu'ils étaient séparés de l'amorce de la nasse par une distance moyenne de 1 mètre.

En somme, cette campagne fut la plus fructueuse de toutes celles effectuées jusqu'à cette époque par Albert Ier.

Comme la précédente, la campagne de 1896 fut à peu près complètement consacrée aux Açores, cet archipel s'étant montré, par les expéditions précédentes comme une région très riche. Les récoltes zoologiques ne furent, en effet, pas moins abondantes qu'en 1895.

Une campagne préliminaire avait eu lieu auparavant au large de Monaco, dans le courant de mai, et avait fourni notamment plusieurs cétacés ; un grampus et deux orques dont l'un mesurait 6 mètres de longueur. Un calénoptère d'environ 18 mètres harponné, réussit malheureusement à échapper, parce que le câble complètement déroulé, dût être coupé pour éviter que l'embarcation ne fut submergée.

Outre les opérations très fructueuses des nasses, chaluts, etc. jusqu'à 5005 mètres, plusieurs faits intéressants signalèrent cette campagne, et, tout particulièrement, la découverte par le prince au sud-ouest de Payal d'un banc très poissonneux, presque aussi grand que cette île. *Le banc de la Princesse-Alice* est devenu un centre important de pêche pour les Açoréens.

A signaler encore une exploration de l'îlot d'Alboran, dans la Méditerranée, des prises d'échantillons d'air au niveau de la mer et jusqu'au sommet de Pico à 2274 mètres d'altitude, des recherches sur la quantité des gaz dissous dans les grandes profondeurs, jusqu'à 2700 mètres; les premiers essais du filet bathypélagique de Giesbrecht modifié.

C'est aussi pendant cette expédition que le prince inaugura l'emploi des trémails jusqu'à 2660 mètres et descendit des palancres jusqu'à 2525 mètres.

Les recherches sur la faune des eaux douces des Açores furent continuées.

L'année suivante, le prince reprenait le cours de ses campagnes. Après quelques excursions préliminaires faites au large de Monaco, du 14 mai au 2 juin 1897 la *Princesse-Alice* partait de Monaco à cette dernière date pour rentrer à Lorient le 30 août. Cette campagne débuta par la capture, dans la Méditerranée, de deux globicéphales mesurant jusqu'à 4 m. 10 de longueur. Les opérations ordinaires se poursuivirent sur la côte occidentale du Maroc, autour de Madère, aux Açores et à l'ouest du Portugal, jusqu'à 5530 mètres de profondeur. Cette profondeur fut atteinte au sud-ouest de Madère, dans la fosse désignée par sir John Murray sous le nom de fosse de Monaco.

Les nasses, les chaluts, les fauberts fonctionnèrent,

comme d'habitude, avec plein succès. Une nasse notamment rapporta jusqu'à 1198 poissons d'un coup.

Le banc de la Princesse-Alice fut exploré plus complètement; les pêcheurs des Açores, grâce aux conseils du prince, y prirent à la ligne en 39 jours, pendant l'été de 1897, plus de 22.000 kilogrammes de poisson.

Une série de pêches au voisinage d'un fanal électrique rapproché de la surface de l'eau, permit de recueillir un grand nombre d'annélides, d'amphipodes et d'isopodes attirés par la lumière en même temps que des poissons et des céphalopodes.

Les palancres de fond ramenèrent des poissons pêchés à 2480 mètres de profondeur et les trémails donnèrent de fort bons résultats jusqu'à 1638 mètres.

Comme les années précédentes, la faune des eaux douces fut étudiée avec soin.

Telle fut la dernière campagne de la *Princesse-Alice*. Le prince, conquérant pacifique, ne veut point s'arrêter dans ses succès. Toujours il prépare de nouvelles campagnes.

Aussi allons-nous le voir dans le chapitre suivant faire construire un troisième navire, et s'élancer vers de splendides découvertes.

CHAPITRE XIII

Campagnes de la « Princesse-Alice-II ».

Le nouveau navire du prince. — La campagne de 1898 aux régions polaires. — Arrêt à Kiel. — L'empereur donne rendez-vous à Albert au premier cercle polaire. — Il assiste aux expériences de la *Princesse-Alice-II*. — Guillaume se montre étonné et plein d'admiration. — La *Princesse-Alice-II* arrêtée par les glaces. — Résultats scientifiques obtenus. — Retour en France après une expédition de quatre mois. — Nouvelle campagne au Spitzberg. — Découvertes du prince. — La pointe Bruce. — Le lac Richard. — L'échouage de la *Princesse-Alice-II* pendant cinq jours. — Le prince rentre en Europe avec des richesses scientifiques inestimables. — Campagnes en 1902 : deux ans dans l'Atlantique Nord. — Campagne de 1903 dans le golfe de Gascogne. — Campagne de 1904 dans la Méditerranée : études météorologiques.

Les recherches poursuivies depuis l'année 1885 dans la région des Açores ayant livré au prince de grandes richesses scientifiques, Albert Ier résolut, en 1898, de visiter les régions polaires; mais le yacht dont il disposait se trouvait être d'un trop faible tonnage pour pouvoir prendre part à cette grande expédition, il fallut donc faire construire un autre bâtiment, la *Princesse-Alice-II.*

C'est un navire en acier à deux mâts, gréé en goëlette, construit à Birkenhead par MM. Laird. Il mesure 73 m. 15 de longueur. Il jauge 1.420 tonneaux, son tirant d'eau est de 4 m. 50. Il peut prendre 245 tonneaux de charbon. Muni de deux chaudières et d'une machine de 1.000 chevaux, il atteint une vitesse de 13 nœuds.

Le treuil à deux poupées pour la manœuvre des chaluts et des nasses est à vapeur et placé à l'avant ; derrière lui se trouve de chaque côté une énorme bobine mise en mouvement par l'électricité.

La bobine de tribord destinée aux dragages porte enroulé un câble de 12.000 mètres de longueur, dont une partie atteint 14 millimètres de diamètre. Ce câble présente une résistance de 7.000 kilogrammes, et permet de draguer par les plus grandes profondeurs.

La bobine à babord destinée à la manœuvre des nasses peut porter plus de 12.000 mètres d'un câble de 6 millimètres de diamètre. Ce câble est disposé par bouts de 500 mètres réunis par des épissures, de façon à pouvoir abandonner à la mer, attachée à une bouée un bout variant suivant la profondeur à laquelle la nasse est immergée. Derrière les bobines se trouve le laboratoire du pont communiquant par une trappe avec un autre laboratoire intérieur.

La machine à sonder se trouve à babord vers le milieu du navire, elle fonctionne à la vapeur.

Un double escalier mène du pont dans le quartier du laboratoire intérieur. Ce quartier occupe toute une tranche du navire et contient le laboratoire, quatre cabines et les accessoires pour les personnes qui y sont attachées, et enfin un atelier de photographie. Le laboratoire est très grand, éclairé pendant le jour par cinq larges hublots et une claire-voie et pendant la nuit par des lampes électriques; il contient quatre tables à roulis permettant de conserver à l'abri des mouvements du navire les objets en expérience. Une grande table fixe, de vastes armoires contenant les produits chimiques, la verrerie, la bibliothèque, etc. Un grand évier reçoit l'eau de mer et l'eau douce. Des barils d'alcool sont à la portée de ceux qui travaillent et une grande cale, sorte de magasin de réserve, communique directement avec le laboratoire.

Voici l'admirable aménagement scientifique du nouveau yacht avec lequel le prince entreprenait la campagne dont nous parlons.

Albert Ier avait eu soin de s'entourer pour cette expédition de savants émérites, parmi lesquels on doit citer d'abord MM. le docteur Jules Richard, l'éminent chef du laboratoire de S. A. S.; Neuville, du Museum de Paris; Brandt, de l'université de Kiel; Buchanam, et Bruce, un des membres de l'expédition Jackson; le comte Lovatelli-Colombo était en outre attaché au service du laboratoire comme artiste peintre. La campagne devait heureusement débuter. L'empereur d'Allemagne auquel le prince de Monaco venait de présenter son nouveau bâtiment en rade

Phot. Chusseau-Flaviens.

LE PRINCE ALBERT DANS SON LABORATOIRE

de Kiel, avait voulu se rendre compte de l'importance des travaux de la mission. Il donna donc rendez-vous à Albert sur les côtes de Norvège, au delà du cercle polaire. C'est là, dans une profondeur, de 1.095 mètres, que la *Princesse-Alice-II*, sous les yeux de l'empereur, fit son début. L'empereur se montra charmé de la façon dont tout était organisé et fonctionnait à bord du yacht du prince Albert, étonné des résultats obtenus, et lorsqu'il abandonna l'expédition, il ne dissimula pas son admiration pour la grandeur de cette œuvre. Le yacht gagna ensuite l'île de Beeren, puis l'île Hope, mais les glaces flottantes arrêtèrent la marche vers le nord-est. Le prince, sans se décourager, revint vers l'ouest, visita au Spitzberg le Storfjord, l'île Barendz et l'Isfjord, puis remontant vers le nord, il atteignit les îles Amsterdam et des Danois. Des dragages furent exécutés tout près de la banquise, par 80°,1 de latitude Nord. Quoique les parages du Spitzberg fussent très impropres à la navigation, le prince pût, grâce à son énergie, et aussi au courage de ses collaborateurs, obtenir avec ses appareils des résultats inespérés. Un grand nombre d'animaux fort rares furent capturés. Le prince reconnut la grande richesse de la faune des profondeurs. Il observa dans ces contrées, sous des formes plus robustes, l'existence d'espèces pêchées par lui, dans l'Atlantique. M. Jules Richard, spécialement chargé d'explorer les eaux douces, fit des pêches pélagiques qui donnèrent des résultats surprenants. Enfin MM. Brandt et Bruce mesurèrent la densité du plankton jusqu'à la profondeur de 400 mètres, sur

34 points différents des régions arctiques visitées par la *Princesse-Alice-II*.

Après une assez longue relâche aux îles Fœroë, le navire rentrait en Europe; le 20 septembre, il arrivait au Havre; l'expédition n'avait pas duré moins de cinq mois.

Nous avons vu combien brillante avait été la campagne de 1898, et quels grands résultats elle avait apportés. Néanmoins, le prince résolut de tenter une nouvelle expédition dans le Spitzberg. Il voulait principalement se livrer à un travail d'hydrographie dans ces régions dont les cartes, comme il le dit si bien, « n'étaient alors faites que d'incertitude et d'erreur ». Les recherches biologiques devaient être aussi continuées. La *Princesse-Alice-II* se rendit donc, en 1899, dans le nord du Spitzberg et explora en détail la baie Red très mal connue et où le prince découvrit un excellent mouillage bien abrité derrière une pointe de terrain qu'il baptisa « pointe Bruce ». Un levé détaillé et précis de la baie fut exécuté par M. le lieutenant de vaisseau Guissez. C'est dans un voyage autour de la rade que le prince découvrit un grand lac auquel il donna le nom de « lac Richard », juste hommage rendu à l'infatigable savant compagnon d'Albert Ier.

On le voit, ce voyage était fertile en découvertes. Cependant un accident survint qui aurait pu avoir les suites les plus graves : la *Princesse-Alice-II* quoiqu'elle fut conduite avec la plus grande précaution, alla s'échouer sur une tête de roche de la façon la plus dangereuse.

C'est dans cette fâcheuse occurrence qu'on put voir à l'œuvre l'énergie indomptable du prince et le dévouement de ses courageux collaborateurs. Sous les ordres de leur chef éminent, ils accomplirent tous les efforts les plus laborieux pour sortir de cette terrible impasse. Vaines tentatives ; l'échouage dura plus de cinq jours pendant lesquels on dut, à grand regret, alléger le navire de la plus large partie de la cargaison.

Seules les collections et les études scientifiques furent respectées, le prince eût plutôt péri lui-même que de sacrifier les résultats de ses travaux.

Enfin, comme on commençait à désespérer de sortir de cette désastreuse position, la *Princesse-Alice-II* fut remise à flot, et elle put continuer son voyage.

En quittant la baie Red l'expédition fit route à travers les glaces flottantes jusque dans la baie de Treuremberg pour visiter l'installation de la mission scientifique suédoise qui y était établie. En revenant, le yacht princier visita les baies de Simerenberg, Advent, Van Mijen et de la Recherche, puis regagna la Norvège et le Havre. Le prince Albert rapportait en Europe des richesses inestimables. Par son ardeur et son travail, il méritait la reconnaissance et l'admiration de tous ceux que passionnent les découvertes scientifiques.

L'année 1902 fut non moins fertile en découvertes que la précédente, le prince fit, en effet, en cette seule année deux campagnes dans l'Atlantique Nord. On devait commencer par opérer quelques recherches dans la Méditerranée, puis gagner l'Atlantique. Parm les collaborateurs du prince pendant ces deux campagnes, on peut citer MM. Jules Richard, l'éminent directeur du muséum de Monaco; Thoulet, professeur à la faculté des sciences de Nancy; Charles Richet, professeur à la faculté de médecine de Paris; Portier, préparateur du laboratoire de physiologie de la Sorbonne; Lemaire, docteur en médecine; Marius Borel, artiste peintre; Gabriel Bertrand, de l'Institut Pasteur. On voit que le prince avait bien su choisir ses collaborateurs. Toutes les opérations furent si bien organisées que pendant toute leur durée on n'eut pas à déplorer un seul accident. Un grand nombre de coups de filets et de nasses ramenèrent sur le pont de la *Princesse-Alice-II* tout un monde mal connu ou même ignoré jusqu'alors. Des prélèvements de terrains et d'eau effectués en divers endroits éclairèrent la mission sur la nature des fonds marins et des courants. Enfin M. Gabriel Bertrand, le distingué savant de l'Institut Pasteur, démontra d'une manière rigoureuse que l'arsenic est un élément normal de la cellule vivante, et qu'on le rencontre, à la fois, chez tous les animaux et dans tous les organes. En outre de son intérêt biologique, cette démonstration présente une grande importance au point de vue médico-légal, elle permet de soutenir, en effet, qu'une trace d'arsenic, isolée des viscères humains, peut avoir une origine exclusivement normale.

Le docteur Portier fit également, pendant ces expéditions, d'intéressantes recherches sur la température des animaux marins.

La campagne de 1903, dans le golfe de Gascogne,

la cinquième de la *Princesse-Alice-II*me donna également des résultats très satisfaisants. Dix-huit sondages, avec le sondeur Buchanam, découpèrent dans le sol sous-marin des boudins assez longs pour montrer la formation de dépôts sableux plus ou moins épais, intercalés dans la masse vaseuse très abondante en argile. Ce fait permettait de constater les brusques variations dont la nature minéralogique d'un fond est susceptible sur un même point. Mais là ne s'arrêtèrent point les observations du prince sur la nature du sol sous-marin. Il fit exécuter deux dragages à une profondeur de 820 mètres; on en retira une foule de roches variées, granit, gneiss, roches amphiloliques tantôt arrondies, tantôt brisées, qui furent aussitôt portées au laboratoire et examinées avec le plus grand soin. Des prélèvements d'eau furent opérés en de nombreux points du golfe de Gascogne, à des profondeurs variant de 50, 100 et 150 mètres. Dans trois circonstances les mêmes séries verticales furent même poussées de 500 en 500 mètres jusqu'à 1.500 mètres. L'analyse de ces échantillons permit l'étude des phénomènes si mal connus jusqu'alors de la circulation océanique.

Tout en suivant avec succès ses recherches sous-marines, Albert Ier indiquait la solution de la crise sardinière, intéressant si fort les pêcheurs bretons; pour lui la solution doit être cherchée dans l'étude du plankton qui nourrit la sardine. Il fit donc une quarantaine de pêches du plankton qui fut étudié avec le plus grand soin.

Les observations ordinaires furent faites sur la

faune marine, et plusieurs espèces inconnues jusqu'alors furent ramenées à la surface.

Le roi d'Espagne Alphonse XIII, admirateur passionné des travaux et des découvertes d'Albert Ier, et ne désirant rien de plus que de voir l'Espagne, elle aussi, se joindre au mouvement qui entraîne presque toutes les grandes puissances vers l'océanographie, vint assister à quelques-unes des opérations de la *Princesse-Alice-II* dans le golfe de Gascogne. « Cette visite, dit-il au prince Albert Ier en quittant le bord, est de celles dont je garderai le meilleur souvenir. »

L'année 1904 vit une nouvelle campagne scientifique de la *Princesse-Alice-II*. Elle commença au mois de mars et finit le 21 septembre. Les deux premiers mois, mars et avril, furent passés dans la Méditerranée à faire des essais préliminaires en vue d'ascensions météorologiques de cerfs-volants. La campagne scientifique, proprement dite, commença le 15 juillet, et fut poursuivie jusqu'aux Canaries et aux Açores.

Dans cette expédition comme dans les précédentes, les observations océanographiques, zoologiques et géologiques furent faites en très grand nombre, et avec beaucoup de succès. Mais ce furent à coup sûr, les observations météorologiques qui eurent la part la plus grande. L'exploration de la haute atmosphère était dirigée par le très savant professeur Hergessel, de Strasbourg; douze ascensions de cerfs-volants furent faites dans la région des vents alizés jusqu'à l'altitude de 4.500 mètres, et dix autres dans la Méditerranée. Le résultat de ces expériences fut si satisfaisant que S. M. l'empereur Guillaume fit exécuter des expériences semblables à Kiel et sur les côtes de Norvège. Le gouvernement portugais comprenant aussi tout l'intérêt de cette étude dota Lisbonne d'un service régulier pour ce genre d'observations.

Pendant l'année 1905, le prince conduisit une nouvelle campagne d'océanographie jusque dans la mer des Sargasses, au milieu de l'océan Atlantique. Il lui donnait trois objets principaux : la faune cathypélagique, la faune des Sargasses, la météorologie de la haute atmosphère. Parmi ses collaborateurs dans ces travaux on peut citer : MM. le docteur Richard, directeur du muséum océanographique de Monaco; Bouvier, membre de l'Institut; Hergessell, professeur à l'université de Strasbourg; Pettit, du muséum de Paris; Charles Somerwein, enseigne de vaisseau; Sirven, du muséum de Monaco, et Tinayre, artiste peintre. Le départ eut lieu à Marseille le 20 juillet, et le navire commença par quelques essais dans la Méditerranée, puis se dirigea vers l'Atlantique.

Cent dix-huit sondages furent effectués jusqu'à la profondeur de 5.580 mètres, avec des instruments capables de renseigner sur la nature géologique du fond. On effectua également 28 prises d'eau avec la bouteille Richard et le tube Buchanam. Les opérations de pêche réussissaient à souhait elles aussi, on rapportait tous les jours une foule d'espèces diverses qui servaient à étudier, d'une façon très claire, la faune de la mer des Sargasses. D'intéressantes observations météorologiques furent également faites pendant cette campagne : vingt-six ascensions de ballons météorologiques et treize de cerfs-volants eurent lieu; elles atteignirent une altitude de 16.000 mètres, les unes dans la Méditerranée, les autres dans la région des vents alizés. Le 28 août, non loin de la mer des Sargasses, un arc-en-ciel lunaire complet, double sur une certaine longueur, se montra au couchant : M. Tinayre, artiste peintre du plus grand talent, sut, dans les quelques instants que dura le phénomène en exécuter une peinture qui est du plus haut intérêt comme document météorologique. Ces nombreux travaux terminés, le retour eut lieu le 24 septembre après soixante-quatre jours de campagne.

CHAPITRE XIV

Résultats des campagnes du prince de Monaco
Le Muséum Océanographique.

Importance des croisières du prince. — Les résultats zoologiques. — Une grande publication entreprise par le prince. — Pose de la première pierre du Muséum Océanographique, — Les discours prononcés. — La construction du Muséum. Aménagement intérieur. — La création, à Paris, d'un Institut océanographique.

Nous avons maintenant à parler des résultats acquis pendant les nombreuses campagnes de l'*Hirondelle* et des deux *Princesse-Alice*. Il faut d'abord remarquer qu'à l'heure actuelle ils sont loin d'être connus, car l'étude des matériaux recueillis n'est pas encore terminée. Néanmoins l'importance des croisières du prince est déjà manifeste.

1.100 opérations de toute nature ont été effectuées (sans compter 2.400 sondages de la baie de *Red*, au Spitzberg, et 170 du *banc de la Princesse-Alice* aux

Açores). Ces opérations comprennent : environ 350 sondages jusqu'à la profondeur de 5.530 mètres ; 146 dragages jusqu'à 5.440 mètres ; 94 immersions de nasses jusqu'à 5.310 mètres ; 56 coups de barre à fauberts jusqu'à 1.495 mètres; 9 opérations de palancres jusqu'à 5.310 mètres ; 52 poses de trémails jusqu'à 2.660 m. ; 30 coups de chalut de surface, outre 218 pêches de surface au filet fin ou au haveneau ; 34 immersions de filet Hensen ; près de 400 prises d'échantillons d'eau, de température et de densité; le reste est partagé entre les opérations relatives à la capture des cétacés, des germons, des tortues, à la visite des épaves, aux filets bathypélagiques, aux recherches sur la faune et la flore des eaux douces, à la géologie, etc.

Cette énumération, toute sèche qu'elle est, permet de comprendre que la quantité des matériaux recueillis a été considérable.

Les résultats zoologiques des campagnes du prince ont surtout une grande importance. Les collections recueillies ne sont pas cependant encore étudiées d'une façon complète. Les matériaux ont été distribués entre un grand nombre de collaborateurs sans distinction de nationalité et quelques groupes, seulement, ont fait le sujet de mémoires définitifs. Pour beaucoup d'autres il n'a paru que des notes préliminaires et d'autres encore sont seulement à l'étude. C'est pourquoi il nous est impossible de donner un aperçu complet des résultats acquis. Aussi voulons-nous dire seulement quelques mots de la grande publication entreprise par le prince sous le titre général suivant :

Résultats des campagnes scientifiques accomplies sur son yacht par Albert Ier, prince souverain de Monaco, publiés sous sa direction avec le concours du baron Jules de Guerne chargé des travaux zoologiques à bord. (pour les fascicules 1 à 8 inclus 1895), titre modifié de la façon suivante à partir du fascicule 9 : *avec le concours de M. Jules Richard, docteur ès-sciences, chargé des travaux zoologiques à bord.*

Cet ouvrage compte aujourd'hui un grand nombre de fascicules parus. Chacun d'eux, outre le titre général, porte le titre du mémoire auquel il est consacré suivi du nom de l'auteur. Les fascicules paraissent à intervalles irréguliers, suivant la nécessité. L'impression est faite à Monaco par l'imprimerie du gouvernement sur un papier spécial portant le monogramme du prince. La publication comporte des figures dans le texte, des planches et des cartes en noir ou en couleur. C'est dire que rien n'a été négligé pour faire de cet ouvrage un monument important et durable, afin de perpétuer l'œuvre du prince et de ses collaborateurs.

Je ne crois pouvoir mieux faire que de renvoyer à ces publications le lecteur qui voudrait avoir, sur les campagnes du prince, des détails plus précis et plus techniques que ceux que nous saurions donner ici.

Pour mettre en valeur les collections plus spécialement zoologiques très importantes qu'il a réunies pendant les campagnes scientifiques qu'il poursuit depuis 1887 à bord de l'*Hirondelle* et de la *Princesse Alice*, le prince a fondé un établissement destiné à les recevoir.

Mais ensuite une idée plus large vint au prince, la création du Muséum océanographique. Le nouveau musée ne devait pas abriter seulement les collections et les instruments scientifiques particuliers du prince, mais il était destiné à contenir tout ce qui, d'une façon générale, touche à l'océanographie.

Ainsi compris le muséum établi à Monaco devint une fondation unique qui, par son caractère de généralité, est appelée à présenter un intérêt considérable.

Ce fut le 25 avril 1899 qu'eut lieu la pose de la première pierre du muséum sous le parrainage de l'empereur d'Allemagne qui était représenté par le comte de Münster, son ambassadeur à Paris.

L'ambassadeur, s'adressant au prince, parla ainsi :

« Monseigneur,

« L'empereur d'Allemagne, mon Auguste Maître, qui porte le plus vif intérêt aux travaux scientifiques de Votre Altesse, regrette de ne pouvoir se rendre au Midi ce printemps et m'a chargé de le remplacer à cette belle cérémonie.

« Je suis heureux et honoré d'une mission aussi flatteuse où je trouve l'occasion d'associer mon nom à l'érection de ce magnifique musée en posant au nom de l'Empereur la première pierre.

« Ce monument, qui s'élèvera sur un des plus beaux points de l'Europe, sera le digne couronnement des œuvres de Votre Altesse, et j'admire la pensée d'en faire un centre pour tous ceux qui s'intéressent à la mer.

« Offrant une si noble hospitalité aux savants de tous les pays, Votre Altesse contribuera à la bonne entente et au rapprochement des nations. »

Après les applaudissements que suscita cette

harangue, l'amiral Brown de Colstoun, représentant le gouvernement français, prononça l'allocution suivante :

« MONSEIGNEUR,

« Délégué du gouvernement de la République Française pour assister à la cérémonie d'aujourd'hui, j'ai l'agréable mission d'offrir à Votre Altesse Sérénissime les compliments du président de la République au sujet de cette consécration des remarquables travaux que Votre Altesse a entrepris avec une complète compétence scientifique et une persistance que le succès a couronnée.

« En France, tout le monde savant, tous ceux qui s'intéressent aux choses de la mer, et en particulier la marine française, ont suivi avec un intérêt toujours croissant les recherches entreprises par Votre Altesse. Permettez-moi d'offrir à Votre Altesse Sérénissime tous nos vœux pour l'heureuse continuation de travaux qui ont déjà fait et sont destinés à faire faire un pas immense à la science de l'océanographie. »

Le prince de Monaco répondit à ces deux discours par des paroles aimables pour les deux représentants. Il dit :

« MONSIEUR L'AMBASSADEUR,

« L'Empereur Guillaume en donnant à Votre Excellence la mission qu'elle exécute aujourd'hui montre une fois de plus l'élévation de son esprit.

« Au moment où l'Europe songe à conjurer des échéances redoutables, Sa Majesté affirme une pensée rassurante puisqu'elle envoie le plus vénéré de ses représentants pour asseoir une œuvre scientifique.

« Oui, l'Empereur qui donne l'exemple des efforts intellectuels, qui fait une réception cordiale aux travailleurs, qui adresse jusqu'aux simples pionniers de l'*Hirondelle* et de la *Princesse-Alice* un témoignage d'estime, cet Empereur agit comme un véritable ami de la paix.

« Vous direz à l'Empereur que vous avez accompli ses ordres devant un prince attaché au devoir et devant les hommes qui le suivent partout pour servir la science, devant une population fidèle aux saines traditions.

« Vous l'assurerez que les penseurs comprennent le sens de l'acte bienveillant résolu par Sa Majesté et qui augmentera la confiance que son prestige répand.

« Et vous, Amiral, représentant de la nation qui souffla sur le monde les chaudes effluves de son génie, vous, l'envoyé d'un Président grandi par la netteté de ses actes, la fermeté de son âme et le suffrage de la France, vous qui m'avez reçu un jour de tempête et de naufrage, dites aux marins français, aux compagnons de ma jeunesse, que mes marins sont encore à l'œuvre et que ma vieille affection ne finira qu'avec moi.

« Maintenant, quand je vois les délégués de l'Empereur et du Président s'unir autour de cette pierre qui résume l'alliance du travail et de la pensée, ce qu'il y a de plus grand dans la nature humaine, je cherche quelle force nouvelle apparaît dans le cœur des hommes pour dominer les instincts vieillis ; et je pressens une lumière que la science allumera et qui donnera plus d'équilibre aux âmes en dirigeant leurs passions vers des objets plus nobles.

« Une pierre va être scellée par des mains que rapprochera une étreinte; puisse le monument dont elle sera la base lancer vers la mer qui s'étend devant nous comme l'infini des temps, vers le ciel qui plane sur nos têtes comme un espoir sans bornes, jusqu'aux générations attendues dans l'avenir, un rayon de la sérénité que les empereurs et les rois, les princes et tous les chefs d'État doivent trouver dans leurs consciences pour la répandre sur les hommes dont ils conduisent les destinées ».

Après ces différents discours, eut lieu la cérémonie de la pose de la première pierre, puis le soir le prince donna une grande fête en son palais.

A l'occasion de ces solennités, l'empereur d'Allemagne envoya à Albert Ier, la dépêche suivante :

« Je suis heureux d'apprendre, par télégramme de Votre Altesse Sérénissime, que la première pierre d'un édifice vient d'être posée, destiné à contenir les trésors de la mer et je souhaite le meilleur succès au futur Musée Océanographique que vous avez bien voulu placer sous mon patronage. Ce monument sera à tout jamais associé au nom de Votre Altesse Sérénissime qui, par ses recherches laborieuses, a tant contribué à jeter les lumières de la science dans les ténèbres mystérieuses du fond de la mer et en même temps à porter par ses investigations infatigables les connaissances humaines sur un terrain dont l'importance et l'utilité n'ont pas encore été généralement reconnues.

« GUILLAUME I. R. »

M. Loubet, alors président de la République française, télégraphia aussi les quelques mots suivants à Albert Ier :

« Je suis très touché du télégramme que vient de m'adresser Votre Altesse Sérénissime, à l'occasion de la fondation du Muséum d'Océanographie.

« Le Gouvernement de la République avait à cœur de vous témoigner combien il apprécie l'œuvre scientifique si intéressante et si utile que vous avez entreprise.

« ÉMILE LOUBET. »

Le muséum océanographique est actuellement en voie d'achèvement.

Au point de vue architectural, M. Delaforterie, l'éminent inspecteur général des travaux d'architecture de la principauté, a résolu de la manière la plus heureuse les difficultés exceptionnelles du programme qui lui était imposé.

L'édifice, en effet, est de dimensions considérables. Il ne mesure pas moins de 100 mètres de longueur, se composant d'une partie centrale de 20 mètres sur 20 mètres, prolongée de chaque côté par une aile longue de 40 mètres et large de 15. Le prince tenait à ce qu'il fut placé sur le rocher de Monaco, face à la mer. Mais aucun emplacement suffisant n'étant disponible, il fut construit en bordure de ce plateau.

On fut ainsi amené à établir le musée en un point où le rocher, tombant presque à pic dans la mer interrompait déjà la partie inférieure des jardins de Saint-Martin. En cet endroit qu'on avait considéré jusque-là comme inutilisable, des piliers formidables, dont les deux principaux partent presque du niveau de la mer, ont été élevés pour supporter la construction. Le rocher dont on a eu soin de respecter les formes tourmentées, est resté à l'état brut sous les puissantes arcades qui rejoignent ces piliers, si bien que le monument semble littéralement y avoir pris racine et faire corps avec lui.

La façade principale (que l'on peut voir de l'extrémité du chemin des pêcheurs) est d'un style sévère correspondant bien à la substruction cyclopéenne, et au rocher dénudé qui lui servent de base. La face opposée, sur l'avenue Saint-Martin, présente, au contraire, le caractère d'élégance qui

Phot. Chusseau-Flaviens

LE PRINCE LOUIS, HÉRITIER DU TRÔNE DE MONACO

Photographie prise dans le cabinet de travail du Prince

était indispensable en cet endroit. Le tout est construit en pierre dure de la Turbie, l'un des plus beaux matériaux qui existent.

Le rez de chaussée, situé à 53 mètres au-dessus du niveau de la mer, a 7 mètres de hauteur ; le premier étage en mesure 11. C'est donc à 80 mètres environ que s'élèvera le sommet du petit attique qui forme le sujet central de la façade du côté de la mer. Et l'on peut dire que cette hauteur considérable est celle du monument; car, non seulement la base des deux piliers centraux est à peu près au niveau de la mer, mais le rocher situé en avant d'elles a été creusé pour contenir les appareils qui élèvent l'eau de la mer jusque dans les aquariums et fait donc en quelque sorte partie intégrante de la construction.

Au-dessous du rez-de-chaussée, se trouvent deux étages appelés sous-sols, et qui ne méritent ce nom que par rapport à l'entrée du musée qui est sur l'avenue Saint-Martin ; car ils sont largement éclairés sur la mer, qu'ils dominent d'une quarantaine de mètres.

Le sous-sol inférieur est destiné aux travaux les plus grossiers, tels que la préparation des squelettes de cétacés ; il renferme, en outre, la salle des aquariums.

Dans le sous-sol supérieur se trouvent les laboratoires, les salles destinées à la préparation des collections, le logement du concierge, la bibliothèque, des cabinets de travail pour les personnes qui viendront consulter les collections, etc... Le musée proprement dit sera installé au rez-de-chaussée et au premier étage des deux ailes. La partie centrale du bâtiment formera une grande salle pour conférences et congrès, pouvant contenir 500 personnes.

Ce musée contiendra méthodiquement exposés tous les appareils qui servent aux recherches océanographiques, et les résultats qu'ils ont permis d'obtenir.

On y verra donc les différents modèles de flotteurs et d'appareils qui sont employés pour étudier les courants de surface ou de profondeur, les diverses machines à sonder et, en général, tous les engins de pêche dont nous avons déjà donné le nom et l'emploi.

La partie la plus considérable du musée sera constituée par les collections zoologiques, recueillies au fond de la mer, à la surface ou entre deux eaux. Toutes ces collections seront rangées dans l'ordre zoologique, mais, en outre, on groupera, pour faire saisir dans son ensemble la faune typique d'une profondeur donnée de telle ou telle mer, tous les êtres qui la constitueront.

On peut assurer que ces collections seront bientôt d'une richesse sans égale, grâce aux échanges de pièces rares qu'il sera possible de faire avec d'autres établissements. Le musée possède, en effet, en double ou en triple de nombreux échantillons d'animaux qu'il est le seul à avoir.

Les collections zoologiques seront complétées par des préparations anatomiques comparées des animaux les plus intéressants, car il est indispensable de mettre en évidence les organes propres à certains animaux de grands fonds, tels que les appareils producteurs de lumière ou certains organes sensoriels particulièrement développés en raison des conditions d'existence de ces êtres. On y trouvera aussi des photographies et radiographies de ces animaux, ainsi que des aquarelles exécutées au moment même où ils ont été ramenés des profondeurs.

Un grand nombre de cartes et de graphiques montreront les courants de surface et de profondeur, le relief et la nature du sol sous-marin, la distribution géographique et cathymétrique des animaux, etc.

Enfin des aquariums d'étude, des collections, des laboratoires et une riche bibliothèque, mis à la disposition des travailleurs, achèveront de faire de ce beau musée un incomparable instrument de travail et assureront en tout temps à son créateur la reconnaissance du monde savant.

L'œuvre immense accomplie si énergiquement par le prince Albert lui a mérité l'admiration très légitime de tous les intellectuels. L'Académie des sciences a ouvert ses portes au savant et elle lui a accordé le plus haut titre qu'elle puisse donner à un étranger.

Le gouvernement français de son côté n'a pas hésité à créer un cours d'océanographie à la Sorbonne où des professeurs d'élite enseignent à un public nombreux la science inventée par Albert de Monaco.

Devant ces résultats magnifiques nous nous inclinons respectueusement, et nous n'hésitons pas à glorifier le prince, car, sur ce point, la louange s'impose sans restriction aucune.

CHAPITRE XV

La politique d'Albert Ier

L'affaire Dreyfus. — Le prince est dans l'*affaire* le véritable représentant de la haute banque. — Une ambassade délicate. — Entrevue avec Félix Faure. — Les trois politiques de la France. — Politique du Prince après l'affaire Dreyfus. — C'est lui qui fait tomber Delcassé. — L'affaire du Maroc et Algésiras. — Rapprochement entre la France et l'Allemagne. Albert Ier et M. Barrère. — La politique anticléricale. — Le Prince et la Paix. — La sauvegarde de la principauté et la décadence de la France.

Nous voici parvenus au point le plus délicat de l'histoire d'Albert Ier : son rôle dans la politique française.

Le prince est dans une situation toute particulière : Par raison d'État, il est attaché à trois grandes puissances, ou forces : l'Allemagne, la France et la haute Banque.

Il est lié à l'Allemagne par les obligations que lui crée sa parenté avec le prince de Wurtemberg et l'Empereur lui-même; à la France par son pays même qui y est enclavé, à la haute Banque par la maison de jeu et sa très importante société financière.

Chez nous le prince de Monaco s'est fait indispensable. Le gouvernement de la République qui a pris l'habitude depuis le ministère Floquet de faire payer les élections par les sociétés financières a fait fréquemment et largement appel à la société des bains de mer et au prince. Cela a procuré à Albert Ier une situation du même genre que celle de M. Mascuraud, mais plus importante.

Le prince se trouve donc admirablement placé pour être l'intermédiaire nécessaire entre la France, l'Allemagne et la haute finance dont il est véritablement le syndic.

Le prince de Monaco n'a certainement pas donné de gaieté de cœur son concours à la singulière entreprise du sauvetage de Dreyfus, mais selon son habitude et l'usage constant de sa maison il a dû marcher avec les éléments les plus importants du parti aux affaires.

Félix Faure, nationaliste et conservateur au fond, était nettement décidé à ne rien laisser entreprendre en faveur de Dreyfus.

Albert Ier, au nom de l'Allemagne et de la haute Banque, fut envoyé vers le Président. Cette négociation fut connue, et il n'en fallait pas plus pour qu'on accusât le prince d'avoir, par un mauvais cigare, empoisonné le chef d'État hostile à la revision.

C'est une fable populaire reposant sur ce seul fait que le château de Marchais et le palais de Monaco étaient alors les centres connus où s'élaborait la réhabilitation du traître.

Ce qu'il y a de certain, c'est que Félix Faure, le jour même de son mystérieux décès, donna audience au prince et que l'entretien entre le président et le missionnaire de Guillaume fut particulièrement orageux.

Le prince Albert exposa nettement à Félix Faure, l'intention qu'avaient les loges de tout chambarder à l'intérieur et la résolution non moins précise de la haute Banque de mener campagne contre nos finances, si l'on ne donnait satisfaction au parti de la réhabilitation.

Dans toute l'affaire Dreyfus, il fut le véritable ambassadeur chargé de négocier entre ces trois puissances, et il dut approcher de bien près le chef d'orchestre mystérieux dont parle Liebnecht, tant son rôle fut considérable.

C'est un fait indéniable : Toute la haute banque israélite de l'Europe a été engagée dans l'affaire, et il est non moins incontestable que le prince s'est prêté à d'importantes négociations pouvant amener ce qu'on a appelé : *le triomphe de la vérité et de la justice*.

Guillaume II n'aime pas les juifs et ne se montra pas, en tête à tête avec Albert, toujours révérencieux à leur égard, mais la question financière était beaucoup trop importante aux yeux du Kaiser pour qu'il ne fût pas obligé de compter avec elle.

L'empereur d'Allemagne se montra acharné dreyfusard, et l'œuvre d'Albert Ier consista à faire partager par les Cours les idées de l'empereur.

De cette délicate mission le prince de Monaco se

tira avec succès et beaucoup de Rois en l'Europe se laissèrent influencer en faveur du capitaine.

Dans cette œuvre de propagande Albert Ier fut toujours en communion d'idée et en association avec Joseph Reinach qui donna le branle à tout cela.

Il n'est pas douteux que, dès le début de l'affaire, les loges, les anti-cléricaux, les protestants, les juifs et tous les adversaires de l'Église romaine entendirent faire de la condamnation de Dreyfus une affaire purement confessionnelle.

Mais revenons à l'entrevue du Prince et du Président :

Félix Faure demeura d'abord impassible, son monocle à l'œil; mais comme le prince insistait par trop, il perdit tout sang-froid; entra dans une colère terrible qui ne fut peut-être pas sans influence sur l'attaque d'apoplexie dont il mourut le soir même dans un entretien beaucoup plus agréable, paraît-il.

Voilà seulement en quelle mesure le prince put avoir contribué à la mort du président, et personne de raisonnable ne prit au sérieux les accusations populaires.

Lorsque l'affaire Dreyfus se dénoua à la satisfaction de l'Allemagne et de la haute Banque, le prince trop habile pour agir sincèrement comme Urbain Gohier, Labori, ou Laurent Tailhade, qui abandonnèrent alors leur client, ne se gêna pas cependant pour prononcer devant de très hautes personnalités des paroles amères qui permettent de supposer qu'il ne marcha jamais de gaîté de cœur et qu'il ne put se dérober à cette pénible intervention.

Quoi qu'il en soit, bon gré mal gré, l'administration de la principauté fut le refuge des dreyfusards les plus compromis et, si le général Picquart n'était pas devenu le chef suprême de l'armée française, il eut sans doute été bombardé généralissime de l'armée monégasque.

Il a bien fallu dire ici, malgré le dégoût qu'inspire maintenant à tous sans distinction de parti cette trop longue et fastidieuse affaire Dreyfus, quelle y fut la contribution d'Albert Ier.

J'arrive au rôle important que le prince a tenu dans la politique franco-allemande.

Pour comprendre l'importance de l'action d'Albert Ier il est indispensable de rappeler sommairement quelles furent durant ces dernières années les différentes politiques suivies par la France.

Depuis 1852, la France a suivi trois politiques étrangères.

La politique maçonnique ou anglaise, la politique nationaliste ou russe, et la politique républicaine ou allemande.

Les débuts de la République de 48, favorables à la politique traditionnelle de la France inquiétèrent profondément l'Angleterre. La Grande Bretagne, *maîtresse unique des loges*, connaissait les ambitions de Louis Napoléon; elle les favorisa, lui fournit des subsides et, de concert avec le Piémont, lui consentit l'appui de la Maçonnerie et de la Charbonnerie aux conditions suivantes :

Comprimer l'extension des Russes en Orient, faire l'unité de l'Italie contre le Pape, aider à l'écrasement de l'Autriche.

L'Angleterre pour poursuivre le but de domination universelle qu'elle rêvait, avait trois obstacles devant elle, trois puissances qu'il fallait détruire.

La Russie qui commençait à grandir en Orient; le pape qui, comme souverain spirituel, prétendait à l'universel pouvoir; enfin l'Autriche, grande puissance catholique qui tendait à la suprématie, et dont la devise était : *Austriae est imperare orbi universo.*

Napoléon accepta l'appui de l'Angleterre et de l'Italie aux conditions qui lui étaient faites et maçons et carbonari travaillèrent à son avènement.

Ainsi toutes les guerres entreprises follement par Napoléon III trouvent ici leurs causes : elles répondent à des engagements pris avec l'Angleterre.

La guerre de Crimée fut tout bénéfice pour l'Angleterre, la guerre d'Italie tout profit pour le Piémont.

Aussi après l'occupation de Naples, après Mentana, Napoléon comprit qu'il était allé trop loin, chercha à battre en retraite et se refusa péremptoirement à laisser prendre Rome par les Italiens, malgré l'Angleterre. Les temps étaient accomplis, Napoléon III devait succomber.

L'Italie n'avait plus rien à attendre de la France, l'Angleterre était satisfaite. Ces deux puissances prévinrent alors Bismarck qu'elles se désintéresseraient d'une guerre entre la France et la Prusse, si elle se produisait à ce moment. La trahison de l'Italie est consignée tout au long dans un rapport du nonce de Munich à Pie IX.

Pour avoir un instant cessé d'obéir à la maçonnerie anglo-italienne, Napoléon III perdit sa couronne.

Après les désastres de 1870, la maçonnerie n'osa plus pour un temps reparler de l'alliance anglaise. La tradition cependant en restait dans les loges. On attendait seulement le moment favorable de la faire renaître.

Dès leur arrivée aux affaires, les conservateurs comprirent le danger que courait la France. Le maréchal de Mac-Mahon, le duc Decazes, M. de Gontaut-Biron, ambassadeur à Berlin, le général Le Flô, ambassadeur à Saint-Pétersbourg, employèrent toutes leurs forces à un rapprochement avec la Russie. Ainsi s'ébaucha jusqu'en 1877 la véritable Alliance que put avoir utilement la France.

Pendant que les patriotes, travaillaient à une Alliance russe, l'opposition cherchait un rapprochement avec l'Allemagne.

Gambetta, d'accord avec M. de Bismarck par l'intermédiaire du comte Henkel de Donesmark, et avec le roi d'Italie par celui de la marquise Arconati Visconti, agissait ténébreusement. Aussi après le 16 mai, Jules Ferry pratiqua-t-il la politique de Gambetta. La France se lança sur les indications de Bismarck dans cette politique coloniale qui rassurait l'Allemagne, en lui prouvant que nous ne songions plus à la trouée des Vosges.

Il a fallu le mouvement nationaliste, le Boulangisme et les efforts de la presse indépendante, pour ramener la France vers la Russie.

Ce n'est pas le gouvernement du reste qui a fait cette alliance, c'est Boulanger, c'est Flourens, c'est Rochefort, c'est Drumont, c'est surtout l'opinion publique, la volonté nationale. Après 1889, dès la chute de Boulanger et la ruine de son parti, la politique étrangère de la France perd tout ensemble, toute unité. C'est là triste période de déliquescence où nous nous trouvons encore.

Ces trois politiques dont nous venons de parler sont, tour à tour, suivies et produisent une véritable anarchie.

Bientôt cependant la politique anglaise triomphe par la puissance des Loges. Elle a pour chef Clemenceau. C'est la politique de la crainte et de la servitude. Elle nous oblige à nous écarter de la Russie, à nous séparer de la Papauté, à travailler uniquement pour la Grande-Bretagne.

Au surplus, si nous servons l'Angleterre, celle-ci ne nous offre en échange de notre servilité que de belles phrases et nous laisse sans secours devant Guillaume. En tremblant donc, nous nous efforçons de calmer l'Allemagne, de la rassurer et nous n'hésitons pas à lui faire de solennelles promesses. La pauvre France sert ainsi deux maîtres à la fois.

Trois hommes jouent depuis longtemps déjà des rôles importants dans notre politique étrangère : Clemenceau, Barrère et surtout le prince Albert de Monaco.

Clemenceau est l'homme de l'Angleterre.

Barrère à Rome est spécialement employé par les Loges pour combattre l'Église catholique dans toute l'Europe.

Le prince de Monaco, lui, a depuis longtemps pour mission d'apaiser Guillaume et de lui affirmer que jamais nous ne ferons rien contre l'Allemagne.

Le prince de Monaco, qui avait participé à la campagne de Tunis, et qui s'était déjà mis dans les mains de Jules Ferry, devint, dès la mort de son père, et en raison de sa parenté avec les grandes maisons allemandes, notre véritable mandataire à Berlin.

C'est un fait qu'au moment où la République française affectait de vouloir démocratiser la carrière diplomatique, elle confiait à une Altesse Sérénissime ses plus secrètes intentions et ses plus importantes missions. La France se rendait compte, de la crise singulière que traversait la diplomatie.

Tandis que les nations continuent à entretenir à grands frais de graves ambassadeurs entourés de silencieux secrétaires, dans les vieilles capitales, les princes, délaissant leurs palais, vont hiverner dans les auberges de Cannes ou de Monaco, et résident pendant l'été à Baden, ou Aix-les-Bains.

C'est dans ces endroits *selects* où les princes aiment oublier leur grandeur qu'ils laissent aussi surprendre plus facilement leurs secrets, par quelque clubman élégant ou quelque danseuse capiteuse.

J'ose dire que le prince de Monaco prouva mieux que personne l'utilité d'un corps diplomatique autre que celui qu'on recrute au concours du quai d'Orsay ou parmi les préfets.

Appuyé de son fameux orchestre et de sa troupe de comédiens qui le suivirent jusqu'à Berlin, dans ses croisières où la *Princesse-Alice* vogua de conserve avec le yacht impérial, dans les réceptions de Monaco, le prince a fait plus de besogne que dix ambassadeurs en habit brodé.

Son rôle ne fut pas toujours aisé, et nécessita un doigté merveilleux. Il y eut des moments bien inquiétants où la guerre fut proche.

Guillaume s'apercevait de notre politique à double jeu, et demandait des gages; la France, prise entre la crainte de déplaire à Berlin ou à Saint-James, ne savait où donner de la tête; alors le prince entrait en jeu et trouvait une habile « combinazione ».

C'est ainsi qu'avec l'aide de la haute banque, Albert Ier parvint pour éviter la guerre à faire disgracier Delcassé; c'est ainsi qu'il força M. Clemenceau lui-même à se rapprocher de l'Allemagne au moment du conflit marocain.

Il est donc acquis que depuis plus de dix-huit ans. Albert Ier, intermédiaire entre la République française et l'empereur d'Allemagne, a tout fait pour éviter la guerre et qu'il y a réussi dans les conjonctures les plus délicates.

Le prince sert-il l'Allemagne ou sert-il la France? ou les trahit-il toutes les deux? Il serait difficile de le dire, mais il est certain que son intérêt est jusqu'à un certain point le nôtre: Il s'efforce d'éviter toujours une conflagration dans laquelle Monaco pourrait bien perdre son autonomie et revenir au protectorat abhorré de la maison de Savoie.

C'est là certainement le point de vue particulier du prince. Nous avons eu, c'est certain, au moment où nos troupes étaient bien commandées, bien outillées et en bon état d'esprit, plusieurs occasions de faire la guerre avec avantage et de pouvoir reprendre nos provinces perdues. Si nous avions eu un gouvernement vraiment patriote, il eût alors virilement saisi ce coup de temps. Peut-être Albert Ier a-t-il fait à ce moment plutôt le jeu de notre ennemi que le nôtre. Aujourd'hui au contraire que notre infériorité morale et matérielle est manifeste, Albert Ier nous est précieux, parce qu'avant tout il veut la paix.

C'est lui qui vient de nous faire dégarnir notre frontière, renvoyer nos classes, réduire nos armements pour complaire à Guillaume, mais aussi c'est grâce à lui que nous avons actuellement les mains libres au Maroc,

C'est ainsi qu'Albert Ier, comme ses aïeux vis-à-vis de la Monarchie, de la Révolution ou de l'Empire, comme son père vis-à-vis de Napoléon III, fut tour à tour l'homme de Waldeck-Rousseau, de Combes et de Clemenceau.

Demain il sera de même l'homme de la Monarchie... N'applaudit-il pas, en effet, à ces paroles du kaiser, dites en rade de Kiel devant trois souverains : « La France, agitée par les sectes et les questions religieuses, disparaîtra de la carte du globe si elle ne revient à sa tradition et au gouvernement de ses rois qui, seuls, pourraient lui rendre sa grandeur. »

Si ce jour est proche, comme je l'espère, Albert Ier se rappellera alors qu'il descend de Louis XIV, et qu'il n'a dans les veines que du sang français.

Mais cessons cette critique. Avant de juger les hommes, il faudrait pouvoir sonder leurs cœurs et leurs reins.

Le prince qui, par le canal du comte de Wagner, son ambassadeur à Rome, en livrant à Jaurès la lettre de Pie X aux puissances, a été la cause efficiente de la séparation, n'a fermé, dans sa principauté, ni un couvent, ni une école. Il a confié l'éducation de la jeunesse aux jésuites et aux dames de Saint-Maur, les hôpitaux aux religieuses de tous ordres, les écoles communales aux frères de la doctrine chrétienne. Il a même donné asile aux moines et aux religieuses chassés par la République.

Ce prince est donc anticlérical par force, démocrate par raison, égalitaire par nécessité. Mais quels sont ses véritables sentiments ! *Chilosa !*

Tout prince souverain qu'il est, Albert Ier est un prisonnier, et rien n'explique mieux la misanthropie de ce caractère et son besoin de chercher dans la solitude l'oubli de pareilles misères.

Cet homme, malgré les trente millions qu'il dépense annuellement, malgré les sommes énormes dont il peut disposer, est en effet bien misérable.

Peut-être au milieu de son luxe regrette-t-il le sort de ses aïeux qui, pauvres et fiers dans leur nid d'aigle, affrontaient chaque jour le danger et vivaient libres.

CHAPITRE XVI

Le Prince Louis et l'avenir de Monaco.

La jeunesse du Prince héritier. — Cavalier émérite. — Il veut entrer à Saint-Cyr. — Sa mère remariée en Autriche. — Son père occupé de science et de diplomatie. — Le prince Louis à Saumur et en Afrique. — Aimable et simple comme la princesse Hamilton. — Sans ambition et sans prétention, le prince sera adoré de son peuple. — L'avenir de Monaco assuré.

Le prince Louis est certainement heureux, car il n'a point d'histoire, et il aime peu que l'on parle de lui.

Il nous faut bien pourtant, au risque de déplaire à l'aimable lieutenant du 3e chasseurs d'Afrique, dire quelques mots ici de l'unique héritier d'Albert, puisqu'il est appelé à succéder au prince dont nous contons l'histoire.

Louis-Honoré-Charles Antoine, né le 12 juillet 1870, est le fils du prince Albert et de Marie-Victoire, duchesse d'Hamilton ; à la suite de terribles scènes conjugales dont nous avons parlé, la princesse s'enfuit emportant avec elle son enfant à la cour du grand-duché de Bade, puis à celle de Bavière. Le prince Charles III ayant fait réclamer diplomatiquement son petit-fils, celui-ci fut élevé à Marchais, tandis que sa mère se remariait le 2 juin 1880 au comte Tassito de Festetics de Tolna, un gentilhomme autrichien très distingué et fort riche.

Charles III s'occupa soigneusement de l'instruction et de l'éducation de son petit-fils qui témoigna beaucoup de goût pour les sports et qui devint vite un chasseur consommé et un cavalier émérite. En 1889, il eut le malheur de perdre son grand-père qu'il aimait beaucoup et peu après son père se remariait avec la duchesse de Richelieu qui se montra bonne pour ce grand jeune homme un peu négligé par son père; peu après, il entrait à Saint-Cyr, devenait officier et demandait à servir en Afrique.

L'avenir est singulièrement rassurant de ce côté pour les Monégasques ; leur prince héritier est le plus aimable des hommes et son caractère gai, jovial et plein d'entrain l'a rendu bien vite très populaire dans la principauté.

Le prince Albert étant presque toujours absent, le prince Louis ne vint que rarement à Monaco, mais en quelques jours il conquit tous les cœurs par sa gentillesse, et tous ont gardé le souvenir du beau cavalier qui, sans escorte, parcourait au galop les principales rues si capricieuses de la principauté.

Le prince Louis est présentement un bel officier au costume bleu et or; il adore les chevaux, les mène avec une maëstria incomparable, et ne changerait pas actuellement sa selle pour le plus beau trône de l'Europe.

Le jeune prince a moins de dignité ou de morgue que son père; comme sa mère, il est familier et affable, exempt de toute pose, et c'est là une grâce d'État, car le rôle du prince Louis doit être tout différent de celui de son père et de son grand-père.

Ces deux princes, en effet, bien que précédés de nombreux ancêtres, furent, à vrai dire, les véritables fondateurs de la dynastie des Grimaldi.

C'est indiscutablement à Charles III que la principauté doit sa richesse, et c'est à Albert Ier qu'elle est redevable de son organisation et de la mise en application des idées et des plans paternels.

A l'heure présente, tous les travaux étant achevés, tous les plans ayant reçu complète exécution, il ne reste plus rien à accomplir au prince qui succédera à Charles et à Albert. Louis n'aura qu'à régner en toute justice, et on ne lui demandera qu'à se faire aimer de tous et à ne rien compromettre de l'œuvre de son père et de son grand-père.

La politique actuelle, en effet, n'exige du prince qu'à se laisser vivre, et à se mettre à la remorque de la France maintenant pour toujours à la paix.

Sans doute, notre gouvernement ne saurait demander au prince Louis de continuer des négociations diplomatiques auxquelles ses aptitudes le laissent étranger, et ce sera tant mieux pour lui.

Son règne sera donc obscur et heureux, car le jeune prince n'aura plus besoin, après deux générations, de faire oublier la source de sa richesse par des fondations hospitalières ou religieuses comme son grand-père, ou par des croisières scientifiques comme son père.

Colossalement riche, après une jeunesse joyeuse d'officier de cavalerie, le prince, vigoureux, en pleine maturité, n'entrera pas en ménage comme son père dans de mauvaises conditions de bonheur.

On parle, en ce moment, pour lui d'un mariage considérable avec une belle et simple fille de la plus haute aristocratie.

Si cette union s'accomplit, le bon gros prince Louis, déjà las de la vie d'Afrique, autant que de la vie parisienne, passera ses jours bien tranquille et fondera paisiblement un foyer où il trouvera certainement le bonheur.

Albert Ier pourra longtemps encore moissonner des lauriers académiques ; son fils se contentera de faire choix de superbes chevaux, qu'il travaillera consciencieusement chaque matin, en attendant patiemment, et sans aucun désir, j'en suis sûr, l'héritage princier.

En effet, le fils de la duchesse Hamilton n'est pas seulement simple et ouvert comme un enfant de la libre Angleterre, il a vécu, en outre, longtemps dans notre armée égalitaire et démocratique, et il s'efforce de faire oublier à tous la grandeur de son origine.

Élève de Saint-Cyr, il a été tutoyé et gaîment brimé par ses camarades ; on dit même qu'une princesse l'ayant demandé à l'école ne put le voir parce qu'il était occupé à cirer tous les souliers de l'escouade, et comme elle s'indignait, on lui fit entendre en riant que l'élève Monaco avait souvent des corvées moins élégantes à accomplir.

A Saumur, le prince, adoré de ses camarades, était le plus folâtre de tous les jeunes officiers, et aussi l'un des plus déterminés cavaliers; c'est là qu'il prit cette bonne humeur, cette franchise et ce laisser-aller qui ne fit que croître à l'armée d'Afrique.

Sans ambition, sans désir de paraître, sans souci de vaine gloire, Louis sera un excellent prince, un bon mari, un bon père de famille, n'ayant désir que de rendre heureux tous ceux qui l'approcheront et dépendront de lui. C'est pourquoi, je le répète, l'avenir de Monaco est assuré, car c'est le prince idéal maintenant pour ce petit État.

A l'heure présente, il existe bien là-bas quelques légers nuages, mais ils seront depuis longtemps dissipés quand le prince Louis sera monté sur le trône.

La création du casino de *Beau-Soleil*, placé sur la terre de France en face même et à quelques centaines de mètres à peine de la maison de jeu, n'est qu'une combinaison financière, une menace qui ne saurait être suivie d'effet grave.

Quel que soit l'avenir de cette maison rivale, le fait d'être placée en territoire français l'empêche de pouvoir nuire sérieusement au cercle des étrangers. Le gouvernement del'a République ne pourra jamais, en effet, autoriser sur notre territoire la pratique du jeu de la roulette et du trente et quarante, ce qui mettra toujours Beau-Soleil, malgré son élégance et son luxe, en état d'infériorité considérable vis-à-vis de Monte-Carlo.

Si riche du reste que soit Beau-Soleil subventionné par M. Camille Blanc, il sera bien difficile à cet établissement, déjà dépourvu de l'attraction de la roulette, de posséder jamais un théâtre incomparable comme la scène de Monte-Carlo, ainsi qu'un orchestre d'élite qui puisse être comparé à celui de M. Gehin, sans second en Europe.

Quelle que soit, du reste, l'indifférence du prince Louis pour les affaires, le jeu ne saurait être supprimé à Monaco. Il ne faut pas perdre de vue que la principauté jouit depuis 1866 de l'autonomie la plus complète, et que si le prince Albert, par excès de prudence, consent à servir la République, c'est de son plein gré sans qu'aucun traité l'y oblige. Il ne serait du reste pas aussi aisé qu'on peut croire d'attenter au droit que possède Monaco de s'organiser entièrement comme il lui convient. La Société des bains de mer a du reste des liens trop étroits avec les députés les plus influents ; avec les directeurs des journaux les plus importants pour que la question de la suppression des jeux de Monaco soit utilement soulevée au Parlement.

On a pu remarquer du reste que le gouvernement de M. Clemenceau, comme celui de ses prédécesseurs, tend au contraire de plus en plus à supprimer les jeux de hasard dans nos casinos et dans nos cercles, pour favoriser la maison de jeu de Monaco.

Les seuls dangers redoutables pour la principauté, ce serait donc d'abord une guerre malheureuse pour la France qui pourrait faire retomber Nice aux mains des Italiens, et replacer la principauté sous le protectorat détesté de la maison de Savoie. Ce serait encore la création d'établissements similaires en Europe ou en Amérique.

On parle fort d'une maison de jeu à Lisbonne, et d'une autre à Mexico; celle de Portugal drainerait l'or des Espagnes, celle de Mexico, l'argent de l'Amérique du sud, comme celle de Port-Saïd rafle déjà celui des riches hivernants d'Égypte.

Cela pourtant n'amènerait pas encore nécessairement la ruine de Monte-Carlo. Qu'on y songe, naguère Hombourg, Spa, Ostende, Dinan, Namur, Saxon donnaient à jouer en même temps que Monte-Carlo, sans que moins brillante et moins nombreuse fût la société qui se pressait dans les salons de la maison de jeu de la principauté.

Au reste, Monaco par sa splendide situation, par son exquis climat, par son décor féerique, par ses attractions sans nombre et son organisation unique attirera toujours et de plus en plus toute la grande société européenne. Monaco sera toujours pour les oisifs, pour les artistes, pour les écrivains une oasis délicieuse, où s'ils peuvent éviter les périls de la roulette et du trente et quarante, ils jouiront gratuitement du luxe merveilleux que paye le jeu. Ils trouveront là le repos à l'ombre des palmiers, l'ivresse inspiratrice dans les parfums et dans la lumière dorée des terrasses et aussi toutes les jouissances d'art les plus raffinées.

Ce que désirent et réclament depuis longtemps les

Monégasques, c'est un prince sédentaire qui donnerait de brillantes fêtes hivernales, une princesse belle, aimable et jeune qui ne serait pas seulement leur souveraine, mais la gracieuse reine de toutes les réunions mondaines et qui convierait au palais toute l'élite de la côte d'azur. Ce désir se réalisera certainement, et le prince Louis, ainsi que la future princesse seront adorés de leur peuple, j'en suis convaincu.

J'aime trop Monaco, et j'ai passé de trop douces soirées dans les jardins parfumés de Monte-Carlo pour ne pas souhaiter à ce petit et charmant pays toute espèce de joie et de prospérité sous un bon prince. J'avouerais même que si je n'étais d'autant plus attaché à mon pays qu'il est plus malheureux, il me plairait d'aller là-bas couler des jours sans souci, sous un prince ennemi de la pose, loin de la dictature jacobine de M. Clemenceau, de la répugnante suffisance de M. Reinach et de l'insupportable faconde de M. Jaurès.

Monte-Carlo, 1er septembre 1907.

TABLE DES MATIERES

CHAPITRE III. — **La jeunesse du prince Albert.**

CHAPITRE IV. — **La mort de Charles III et l'avènement d'Albert Ier.**

CHAPITRE V. — **L'œuvre de Charles III.**

3-10-07. — Tours. impr. E. Arrault et Cie.

Collection in-18 à 3 fr. 50

Lewis (A.-H.). — Le Boss.
Barrès (Maurice). — Scènes et doctrines du Nationalisme.
Finot (Jean). — Français et Anglais.
Leroux (Hugues). — Le Wyoming.
Maret (Henry). — La Justice. — La Liberté de l'Enseignement.
Mimande (Paul). — Le Mamoul.
Pettit (Charles). — Pays de Mousmés, Pays de Guerre.
Recouly (Raymond). — Dix mois de Guerre en Mandchourie.
Roosevelt (Président). — New-York.
Schindler (Charles). — En Irlande.
Stead (W.-T.). — L'Américanisation du Monde.
Ular (Alexandre). — Un Empire Russo-Chinois. — La Révolution Russe.
Kouprine (A.). — Petite Garnison Russe.
Van Vorst (Mmes J. et M.). — L'Ouvrière aux États-Unis.
Weiller (Lazare). — Les grandes Idées d'un grand Peuple.
Norvins (L. de). — Les Milliardaires Américains.

Souverains et grands Hommes intimes

Chacun de ces ouvrages forme un volume in-16 grand colombier abondamment illustré sous couverture en couleurs.

Prix : 3 fr. 50

Aubry (J.-H.). — La Reine Victoria intime. — Édouard VII intime. — Sa Majesté la Reine Alexandra.
Bathedat (Mlle Thérèse). — Lesseps intime.
Bengesco (G.). — Carmen Sylva intime.
Bluysen (Paul). — Félix Faure intime.
Colleville (Cte de). — Pie X intime. — Le Duc d'Orléans intime.
Croze (Austin de). — Alphonse XIII intime et la Cour d'Espagne.
Freddy (G.). — Léopold II intime.
Hoche (Jules). — Guillaume II intime. — Bismarck intime.
Caracciolo (Cte F.). — Victor Emmanuel III intime.
Géraud-Bastet. — M. Combes et les siens.
Leudet (Maurice). — Nicolas II intime.
Narfon (Julien de). — Léon XIII intime.
Savine (Albert). — Rouher intime.
Weindel (Henri de). — François-Joseph intime.

Livres divers

Avenel (Henri). — [illegible] Loubet et ses Prédécesseurs [illegible]
Carnot (Hipp.). — Mémoires sur Carnot par son fils [illegible]
De Wett (Général). — Trois ans de Guerre 10 »
Hamilton (A.). — En Corée 10 »
Kruger (Le Président). — Ses Mémoires 12 »
Sven-Hedin (Dr). — Dans les Sables de l'Asie. — Le Thibet Inconnu. Chaque volume 10 »
Van den Brule (Vte). — [illegible] Macédonien [illegible]
Pol (Stéphane). — [illegible] de Napoléon III 7 50
[illegible] (C.-L.). — La Vendée et la Chouannerie (2 vol.) Chaque 10 »
[illegible] (G.). — Les Chefs-d'œuvre de l'Éloquence parlementaire (1 vol.) Chaque 3 50
Lecomte (Maxime). — La Séparation de l'Église et de l'État 5 »
Millet (René). — Notre Politique Extérieure 5 »

Chaque volume est envoyé franco contre son montant adressé à l'éditeur, 122, Rue Réaumur, Paris

PARIS. — IMP. H. BOUILLANT, 28, RUE SERPENTE

www.ingramcontent.com/pod-product-compliance
Ingram Content Group UK Ltd.
Pitfield, Milton Keynes, MK11 3LW, UK
UKHW021058220726
13924UKWH00005B/2137